Korte Verhalen in het Portugees

Korte verhalen in Portugees voor beginners en gevorderden

Duarte Cruz

Inhoud

Inleiding

Lezen in een vreemde taal is een van de meest effectieve manieren om uw taalvaardigheid te verbeteren en uw woordenschat uit te breiden. Toch kan het soms moeilijk zijn om boeiend leesmateriaal op een geschikt niveau te vinden dat een gevoel van prestatie en vooruitgang geeft. De meeste boeken en artikelen die voor moedertaalsprekers zijn geschreven, kunnen te lang zijn en moeilijk te begrijpen, of kunnen een woordenschat op zeer hoog niveau hebben, zodat u zich overweldigd voelt en het opgeeft. Als deze problemen bekend klinken, dan is dit boek iets voor jou!

Korte Verhalen in het Portugees is een verzameling van 25 onconventionele en onderhoudende korte verhalen die zijn ontworpen om beginnende tot gemiddeld niveau Portugees lerenden te helpen hun taalvaardigheden te verbeteren.

Deze korte verhalen creëren een ondersteunende leesomgeving door het opnemen van:

- Rijke taalkundige inhoud in verschillende genres om u te vermaken en u bloot te stellen aan een verscheidenheid van woordvormen.
- Kortere verhalen in hoofdstukken om u de voldoening te geven verhalen af te maken en snel vooruitgang te boeken.
- Teksten die op uw niveau geschreven zijn, zodat ze gemakkelijker te begrijpen zijn en niet overweldigend.
- Nederlandse vertaling op wisselende pagina's, zodat u er regel voor regel direct naar kunt verwijzen terwijl u het Portugees verhaal leest.
- De belangrijkste woordenschat staat vetgedrukt in

het hele verhaal en de vertaling, zodat u onbekende woorden gemakkelijker kunt begrijpen.

- Begrijpelijke vragen om uw begrip van belangrijke gebeurtenissen te testen en om u aan te moedigen meer in detail te lezen.

Dus of u nu uw woordenschat wilt uitbreiden, uw begrip wilt verbeteren of gewoon voor uw plezier wilt lezen, dit boek is de grootste stap voorwaarts die u dit jaar in uw studie zult maken. Korte Verhalen in het Portugees geeft u alle steun die u nodig hebt, dus leun achterover, ontspan, en laat uw fantasie de vrije loop terwijl u wordt meegevoerd naar een magische wereld van avontuur, mysterie en intrige - in het Portugees!

Hoe dit boek te gebruiken

Lezen is een moeilijk talent om onder de knie te krijgen. We gebruiken een reeks microvaardigheden om ons te helpen lezen in onze moedertaal. We kunnen bijvoorbeeld een passage doornemen om een globaal idee te krijgen van waar het over gaat. Of we kammen een groot aantal bladzijden van een treindienstregeling door op zoek naar een specifieke tijd of plaats. Terwijl deze microvaardigheden een tweede natuur zijn bij het lezen in onze moedertaal, blijkt uit onderzoek dat we de meeste ervan vaak vergeten bij het lezen in een vreemde taal. Wanneer we een vreemde taal leren, beginnen we gewoonlijk bij het begin van een tekst en werken we ons een weg door de tekst, waarbij we elk woord proberen te begrijpen. Onvermijdelijk komen we onbekende of ingewikkelde termen tegen en raken we geïrriteerd door ons onvermogen om ze te begrijpen.

Een van de grootste voordelen van het lezen in een vreemde taal is dat je wordt blootgesteld aan een groot aantal zinnen en uitdrukkingen die in alledaagse situaties worden gebruikt. Extensief lezen is een term die wordt gebruikt om het lezen voor plezier aan te duiden om een taal te leren. Het is niet zoals het lezen van een tekstboek, wanneer gesprekken of teksten zijn ontworpen om langzaam en zorgvuldig te worden gelezen met het doel om elk woord te begrijpen. "Intensief lezen" verwijst naar lezen dat wordt gedaan om specifieke leerdoelen te bereiken of taken te voltooien. Anders gezegd, intensief lezen in tekstboeken helpt meestal bij het leren van grammaticaregels en bepaalde woordenschat, maar extensief lezen van verhalen helpt bij het leren van natuurlijke taal.

Korte Verhalen in het Portugees biedt u de mogelijkheid om meer te leren over natuurlijk Portugees taalgebruik, ook al bent u uw taalleertocht misschien begonnen met uitsluitend tekstboeken. Hier zijn een paar tips om in gedachten te houden als u de verhalen in dit boek leest om er het meeste uit te halen: Als het op lezen aankomt, zijn plezier en een gevoel van vervulling van cruciaal belang. Je blijft terugkomen voor meer omdat je geniet van wat je aan het lezen bent. Elk verhaal van begin tot eind lezen is de beste methode om plezier te beleven aan het lezen van verhalen en je volbracht te voelen. Het belangrijkste is dan ook om het einde van een verhaal te halen. Dat is eigenlijk nog belangrijker dan elk woord te kennen.

Hoe meer je leest, hoe meer kennis je zult opdoen. U zult snel een kennis hebben van hoe Portugees werkt als u grotere boeken leest voor uw plezier. Bedenk echter wel dat u, om ten volle van de voordelen van extensief lezen te kunnen profiteren, eerst een voldoende omvangrijk boek moet lezen. Door hier en daar een paar bladzijden te lezen leert u misschien een paar nieuwe woorden, maar het zal geen significant verschil maken in uw algehele niveau van Portugees.

Accepteer dat je niet alles zult begrijpen van wat je in een roman leest. Dit is, zonder twijfel, het meest cruciale punt! Onthoud altijd dat het volkomen aanvaardbaar is dat u niet alle woorden of zinnen begrijpt. Het betekent niet dat je taalvaardigheden ontoereikend zijn of dat je slecht presteert. Het geeft aan dat u actief betrokken bent bij het leerproces.

Leesgids

Om het meeste uit het lezen van Korte Verhalen in het Portugees te halen, kunt u het beste dit eenvoudige leesproces in zes stappen volgen voor elk hoofdstuk van de verhalen:

1. Lees de titel van het hoofdstuk. Denk na over waar het verhaal over zou kunnen gaan. Lees dan het verhaal helemaal door. Uw doel is gewoon het einde van het verhaal te bereiken. Stop daarom niet om woorden op te zoeken en maak u geen zorgen als er dingen zijn die u niet begrijpt. Probeer gewoon de plot te volgen.

2. Wanneer u het einde van het verhaal hebt bereikt, scant u de Nederlandse vertaling om te zien of u hebt begrepen wat er is gebeurd en pikt u alle context op die u misschien hebt gemist.

3. Ga terug en lees hetzelfde verhaal opnieuw. Als u wilt, kunt u zich meer op de details van het verhaal concentreren, maar anders leest u het gewoon nog een keer door.

4. Werk vervolgens door de begripsvragen in Portugees om te controleren of u de belangrijkste gebeurtenissen in het verhaal begrijpt. Als u de vragen niet helemaal begrijpt, hoeft u zich geen zorgen te maken. Gebruik uw kennis om zo goed mogelijk te antwoorden.

5. Op dit punt moet u de belangrijkste gebeurtenissen van het hoofdstuk enigszins begrijpen. Als dat niet het geval is, kunt u het hoofdstuk een paar keer herlezen, waarbij u de vertaling gebruikt om onbekende woorden en zinnen te controleren, totdat u zich zeker voelt.

Zodra u klaar bent en zeker weet dat u begrijpt wat er is gebeurd - of dat nu na één lezing van het verhaal is of na meerdere - gaat u verder met het volgende verhaal en geniet u verder van het verhaal in uw eigen tempo, net zoals u van elk ander boek zou genieten.

Pas als u een verhaal in zijn geheel hebt uitgelezen, moet u overwegen terug te gaan en de verhaaltaal desgewenst verder uit te diepen. Of in plaats van u zorgen te maken of u alles begrijpt, de tijd te nemen om u te concentreren op alles wat u hebt begrepen en uzelf te feliciteren met alles wat u hebt gedaan.

Korte Verhalen
in het Portugees

Vinho do Porto

A primeira vez que provei vinho do Porto foi numa viagem a Portugal com a minha família. Estávamos hospedados numa pequena cidade chamada Porto e, claro, tivemos de provar a especialidade local. O vinho era doce e pesado, muito **diferente** dos tintos secos que normalmente bebíamos. Adorei-o imediatamente. Durante os dias seguintes, explorámos o Porto e provámos muitos mais tipos de vinho do Porto. Há tantos estilos diferentes - tawny, ruby, vintage - e cada um deles é delicioso à sua maneira. Visitámos até algumas das **adegas** onde o vinho do Porto é feito. Foi fascinante ver como este tipo especial de vinho é produzido utilizando uvas que são cultivadas de uma determinada forma e depois envelhecidas durante anos em **barris de** carvalho antes de serem engarrafadas. Hoje em dia, sempre que bebo vinho do Porto penso com carinho naquela maravilhosa viagem a Portugal todos aqueles anos atrás. É uma bebida tão **única** e saborosa; nada mais se compara a ela!

Hoje em dia, sou um pouco conhecedor de vinhos do Porto. Sempre que entretenho convidados em casa, gosto de lhes servir uma selecção de diferentes portos para que possam experimentar algo novo. É sempre divertido ver a cara deles quando tomam aquele

Portwijn

De eerste keer dat ik portwijn proefde was tijdens een reis naar Portugal met mijn familie. We logeerden in het stadje Porto en moesten natuurlijk de plaatselijke specialiteit proeven. De wijn was zoet en zwaar, heel **anders** dan de droge rode wijnen die we gewoonlijk dronken. Ik was er meteen weg van. De volgende dagen verkenden we Porto en proefden we nog veel meer soorten portwijn. Er zijn zoveel verschillende stijlen - tawny, ruby, vintage - en elk is heerlijk op zijn eigen manier. We bezochten zelfs enkele van de **wijnmakerijen** waar portwijn wordt gemaakt. Het was fascinerend om te zien hoe deze speciale soort wijn wordt gemaakt van druiven die op een bepaalde manier worden geteeld en vervolgens jarenlang in eiken **vaten worden gerijpt** voordat ze worden gebotteld. Wanneer ik nu portwijn drink, denk ik altijd met plezier terug aan die prachtige reis naar Portugal al die jaren geleden. Het is zo'n **unieke** en smaakvolle drank; niets kan er aan tippen!

Tegenwoordig ben ik een beetje een kenner van portwijn. Wanneer ik thuis gasten ontvang, vind ik het leuk om hen een selectie van verschillende ports te serveren zodat ze iets nieuws kunnen proberen. Het is altijd leuk om de blik op hun gezichten te zien wanneer

primeiro gole! Devo dizer que o meu tipo de porto **preferido** é o vintage. Há apenas algo no seu **sabor** rico e cor profunda que realmente me atrai. Claro, é também o tipo de porto mais caro - mas vale cada cêntimo, na minha opinião. Se ainda não provou vinho do Porto, então peço-lhe que procure uma garrafa e a experimente. Talvez se veja **apaixonado** por esta deliciosa bebida, como eu fiz todos aqueles anos atrás. Foi ideia do meu marido fundar um clube do vinho do Porto. No início, não tinha a certeza - afinal de contas, sabia muito pouco sobre este tipo de vinho. Mas ele estava tão entusiasmado com ele e fez tanta **pesquisa** que acabei por concordar em prová-lo. O clube já vai há quase dois anos e já experimentámos alguns portos incríveis durante esse tempo. Tivemos portos tawny de diferentes regiões de Portugal, portos vintage com **décadas de** idade, até alguns portos experimentais 'new wave' feitos com métodos alternativos. Tem sido uma verdadeira educação! O meu marido é agora o verdadeiro **perito** na nossa casa quando se trata de vinho do Porto - mas isso não me impede de o apreciar tanto como ele o faz.

ze die eerste slok nemen! Ik moet zeggen dat mijn **favoriete** soort port vintage is. Er is gewoon iets met de rijke **smaak** en diepe kleur dat me echt aanspreekt. Natuurlijk is het ook de duurste port, maar naar mijn mening is hij elke cent waard. Als je nog nooit port hebt geprobeerd, dring ik er bij je op aan een fles te zoeken en het eens te proberen. Misschien wordt u wel **verliefd** op deze heerlijke drank, net als ik al die jaren geleden. Het was een idee van mijn man om een portwijnclub op te richten. In het begin was ik er niet zeker van - ik wist tenslotte heel weinig over deze wijnsoort. Maar hij was er zo enthousiast over en deed zo veel **onderzoek** dat ik er uiteindelijk mee instemde het te proberen. De club bestaat nu bijna twee jaar en we hebben in die tijd al een aantal fantastische ports geprobeerd. We hebben tawny ports uit verschillende regio's van Portugal geprobeerd, vintage ports die **tientallen jaren** oud waren, zelfs enkele experimentele 'new wave' ports gemaakt met behulp van alternatieve methoden. Het was een echte leerschool! Mijn man is nu de echte **expert** in ons huishouden als het op portwijn aankomt - maar dat weerhoudt mij er niet van om er evenveel van te genieten als hij.

Questões de compreensão

1. Qual é o nome da cidade em Portugal onde o autor teve a sua primeira prova de vinho do Porto?

2. Quais são os diferentes tipos de vinho do Porto?

3. Como é feito o vinho do Porto?

4. Qual é o tipo de vinho do Porto preferido do autor?

5. Há quanto tempo é que o clube do vinho do Porto do autor está a funcionar?

6. Qual é a diferença entre vinho do Porto tawny e vinho do Porto vintage?

7. O que diz o autor sobre o vinho do Porto em geral?

8. Como foi a primeira experiência do autor com vinho do Porto?

9. Qual é a opinião do marido do autor sobre o vinho do Porto?

10. Porque é que o vinho do Porto é a bebida perfeita para partilhar com alguém que se ama?

Begrip vragen

1. Wat is de naam van de stad in Portugal waar de auteur voor het eerst portwijn proefde?

2. Wat zijn de verschillende soorten portwijn?

3. Hoe wordt portwijn gemaakt?

4. Wat is de favoriete soort portwijn van de schrijver?

5. Hoe lang bestaat de portwijnclub van de auteur al?

6. Wat is het verschil tussen tawny en vintage portwijn?

7. Wat zegt de auteur over portwijn in het algemeen?

8. Hoe was de eerste ervaring van de auteur met portwijn?

9. Wat vindt de echtgenoot van de auteur van portwijn?

10. Waarom is portwijn de perfecte drank om te delen met iemand die je liefhebt?

O Algarve

O Algarve é um lugar **bonito.** O sol brilha intensamente e as ondas batem contra as rochas. É um lugar perfeito para relaxar e apreciar a paisagem. No entanto, há algo de estranho neste lugar. Tem havido relatos de **pessoas a** desaparecer na zona. Ninguém sabe o que lhes aconteceu, mas nunca mais são vistas de novo. Um dia, um grupo de amigos decide ir dar uma **volta** pelo Algarve. Estão entusiasmados por explorar este novo lugar e ver tudo o que ele tem para oferecer. No entanto, ao iniciarem a sua viagem, apercebem-se rapidamente de que algo não está bem. Não conseguem abalar a **sensação** de que alguém os está a observar das sombras. À medida que o grupo continua a sua caminhada, eles começam a ouvir ruídos estranhos. Parece que alguém os está a seguir.

Eles aceleram o seu ritmo, mas o barulho só fica mais alto. De repente, vêem uma figura emergir das árvores. É um homem com toda a **roupa** preta. Ele tem uma expressão em branco no rosto e não diz nada quando começa a caminhar na sua direcção. O grupo tenta fugir, mas é tarde demais. O homem apanha-os e agarra cada um deles um a um. Eles **gritam** por ajuda, mas ninguém vem em seu socorro. Eles nunca mais são vistos. A polícia fica perplexa com os desaparecimentos. Não têm pistas e nenhuma ideia do

De Algarve

De Algarve is een **prachtige** plek. De zon schijnt uitbundig en de golven slaan tegen de rotsen. Het is een perfecte plek om te ontspannen en te genieten van het landschap. Er is echter iets vreemds met deze plek. Er zijn meldingen van **mensen** die in dit gebied zijn verdwenen. Niemand weet wat er met hen gebeurd is, maar ze worden nooit meer gezien. Op een dag besluit een groep vrienden een **trektocht** door de Algarve te maken. Ze zijn opgewonden om deze nieuwe plek te verkennen en alles te zien wat het te bieden heeft. Maar als ze aan hun reis beginnen, beseffen ze al snel dat er iets niet klopt. Ze kunnen het **gevoel niet van zich afschudden** dat iemand hen vanuit de schaduw in de gaten houdt. Terwijl de groep verder wandelt, beginnen ze vreemde geluiden te horen. Het klinkt alsof iemand hen volgt.

Ze versnellen hun pas, maar het lawaai wordt alleen maar luider. Plotseling zien ze een figuur uit de bomen opdoemen. Het is een man in volledig zwarte **kleding**. Hij heeft een lege uitdrukking op zijn gezicht en hij zegt niets terwijl hij naar hen toe begint te lopen. De groep probeert weg te rennen, maar het is te laat. De man haalt hen in en grijpt hen één voor één. Ze **schreeuwen** om hulp, maar niemand komt hen te hulp. Ze worden nooit meer gezien. De politie is verbijsterd door de

que poderia ter acontecido às pessoas **desaparecidas.** A única coisa que sabem é que todos eles desapareceram no Algarve. À medida que mais e mais pessoas desaparecem, a polícia começa a suspeitar que algo de sobrenatural está a funcionar. Eles trazem uma equipa de **investigadores** paranormais para tentar resolver o caso. No entanto, até eles estão perplexos. Parece que o que quer que seja responsável por estes desaparecimentos não quer ser encontrado. Uma noite, um dos investigadores tem um sonho estranho. Nele, ele vê um grupo de pessoas a ser raptadas por um homem vestido de preto. Ele acorda coberto de suor, sem saber o que isto significa. Poderá ser que o seu **subconsciente** esteja a tentar dizer-lhe alguma coisa? Ele decide partilhar o seu sonho com os outros investigadores e todos eles concordam que vale a pena investigar. Começam a vasculhar registos antigos e acabam por descobrir que tem havido casos semelhantes ao longo da história em que grupos de pessoas desapareceram misteriosamente sem deixar rasto.

verdwijningen. Ze hebben geen aanwijzingen en geen idee wat er met de **vermisten** gebeurd kan zijn. Het enige wat ze weten is dat ze allemaal verdwenen zijn in de Algarve. Naarmate er meer en meer mensen verdwijnen, begint de politie te vermoeden dat er iets bovennatuurlijks aan het werk is. Ze schakelen een team paranormale **onderzoekers** in om te proberen de zaak op te lossen. Maar zelfs zij staan voor een raadsel. Het lijkt erop dat wat verantwoordelijk is voor deze verdwijningen, niet gevonden wil worden. Op een nacht heeft een van de onderzoekers een vreemde droom. Daarin ziet hij een groep mensen ontvoerd worden door een man in zwarte kleding. Hij ontwaakt bedekt met zweet en heeft geen idee wat dit betekent. Zou het kunnen dat zijn **onderbewustzijn** hem iets probeert te vertellen? Hij besluit zijn droom met de andere onderzoekers te delen en zij zijn het er allemaal over eens dat het de moeite van het onderzoeken waard is. Ze beginnen oude dossiers door te spitten en komen er uiteindelijk achter dat er door de geschiedenis heen soortgelijke gevallen zijn geweest waarbij groepen mensen op mysterieuze wijze en zonder een spoor achter te laten zijn verdwenen.

Questões de compreensão

1. O que é o Algarve?

2. O que é que as pessoas têm desaparecido no Algarve?

3. O que é que o grupo de amigos decidiu fazer?

4. O que é que eles perceberam quando começaram a sua viagem?

5. O que é que viram emergir das árvores?

6. O que é que o homem fez ao grupo de amigos?

7. O que é que a polícia trouxe para tentar resolver o caso?

8. Com que é que um dos investigadores tinha um sonho?

9. O que é que os investigadores descobriram quando procuraram nos registos antigos?

10. Qual era o plano para apanhar o que quer que fosse que estava a levar as pessoas?

Begrip vragen

1. Wat is de Algarve?

2. Wat is er in de Algarve verdwenen?

3. Wat heeft de vriendengroep besloten te gaan doen?

4. Wat realiseerden ze zich toen ze aan hun reis begonnen?

5. Wat zagen ze uit de bomen tevoorschijn komen?

6. Wat deed de man met de groep vrienden?

7. Wat haalde de politie erbij om te proberen de zaak op te lossen?

8. Waarover droomde een van de rechercheurs?

9. Wat ontdekten de onderzoekers toen ze oude dossiers doorzochten?

10. Wat was het plan om datgene wat mensen ontvoerde in de val te lokken?

Navegação

As ondas batem contra a costa, enviando um spray de água para o ar. O sol brilha e o céu é azul. É um dia perfeito para **o surf**. Remo até onde as ondas estão a quebrar e espero por uma boa. Vejo uma a chegar e começo a remar com força. Apanho-a no momento em que começa a partir-se e levanto-me na minha prancha. A onda leva-me até à costa, onde a levo até **se dissipar** na areia. Volto a sair para onde estava a surfar e remo de novo. Desta vez, apanho uma **onda** cedo e levo-a até à costa.

Quando estou a cavalgar, vejo alguém a observar-me da praia. É uma rapariga, e ela está a sorrir. Quando chego à costa, ela vem ter comigo e apresenta-se. O seu nome é Sarah, e ela diz que me **observa a** surfar há algum tempo. Falamos um pouco e depois seguimos os nossos caminhos separados. Alguns dias mais tarde, Sarah vem ter comigo à praia novamente enquanto eu surfo. Ela pergunta se eu quero ir dar um mergulho com ela no oceano. Eu digo com certeza, por isso **remamos** juntos para além das ondas **que quebram** em terra. Depois de nadarmos durante algum tempo, começamos a falar da vida e do que queremos dela. Falamos até ao pôr-do-sol, quando finalmente regressamos à costa. Enquanto caminhamos de volta,

Surfen

De golven slaan tegen de kust en sturen een nevel van water de lucht in. De zon schijnt en de lucht is blauw. Het is een perfecte dag om te **surfen**. Ik peddel naar waar de golven breken en wacht op een goede. Ik zie er een aankomen en begin hard te peddelen. Ik vang hem net als hij begint te breken en ga op mijn board staan. De golf neemt me helemaal mee naar de kust, waar ik hem berijd tot hij op het zand **verdwijnt**. Ik loop terug naar waar ik aan het surfen was en peddel weer naar buiten. Deze keer vang ik vroeg een **golf** en rijd hem helemaal naar de kust.

Terwijl ik rijd, zie ik iemand naar me kijken vanaf het strand. Het is een meisje, en ze lacht. Als ik aan wal kom, komt ze naar me toe en stelt zich voor. Haar naam is Sarah en ze zegt dat ze me al een tijdje **ziet** surfen. We praten een beetje en gaan dan ieder onze eigen weg. Een paar dagen later komt Sarah weer naar me toe op het strand terwijl ik aan het surfen ben. Ze vraagt of ik met haar wil gaan zwemmen in de oceaan. Ik zeg zeker, dus we **peddelen** samen naar buiten voorbij de golven **die** aan land **breken**. Na een tijdje rondgezwommen te hebben, beginnen we te praten over het leven en wat we ervan verwachten. We praten tot zonsondergang, wanneer we eindelijk terug naar de

Sarah pega na minha mão. Parece **natural**, como algo que estava destinado a acontecer.

Continuamos a ver-nos todos os dias depois disso , em **aventuras** tanto grandes como pequenas. Agora, anos mais tarde , continuamos juntos. Construímos uma vida própria e não podíamos estar mais felizes. Enquanto nos sentamos na praia a ver **os** nossos **filhos** brincar, reflectimos sobre como tudo começou com uma simples onda. E sabemos que, enquanto estivermos juntos, nada nos poderá separar. Mas isso não é o fim da nossa **história**. Porque teremos sempre o oceano. E enquanto houver ondas para surfar, a nossa aventura nunca **terminará** verdadeiramente.

kust gaan. Terwijl we teruglopen, pakt Sarah mijn hand. Het voelt **natuurlijk**, als iets dat voorbestemd was om te gebeuren.

Daarna bleven we elkaar elke dag zien en beleefden we grote en kleine avonturen. Nu, jaren later, zijn we nog steeds samen. We hebben een eigen leven opgebouwd en we kunnen niet gelukkiger zijn. Terwijl we op het strand zitten en onze **kinderen zien** spelen, denken we na over hoe alles begon met een simpele golf. En we weten dat zolang we samen zijn, niets ons ooit uit elkaar kan scheuren. Maar dat is niet het einde van ons **verhaal**. Want we zullen altijd de oceaan hebben. En zolang er golven zijn om op te surfen, zal ons avontuur nooit echt **eindigen**.

Questões de compreensão

1. O que é que o protagonista vê quando está a surfar?

2. Como é que o protagonista se sente quando está a surfar?

3. Quem é o protagonista que se encontra na praia?

4. O que é que a protagonista e Sarah fazem quando se encontram?

5. O que é que Sarah pede à protagonista para fazer com ela?

6. O que diz o protagonista em resposta?

7. Em que pensa o protagonista enquanto nada?

8. Em que pensa o protagonista ao pôr-do-sol?

9. O que faz o protagonista todos os dias após o encontro com Sarah?

10. Em que pensa o protagonista no final da história?

Begrip vragen

1. Wat ziet de hoofdpersoon als hij aan het surfen is?

2. Hoe voelt de hoofdpersoon zich als hij aan het surfen is?

3. Wie ontmoet de hoofdpersoon op het strand?

4. Wat doen de hoofdpersoon en Sarah als ze elkaar ontmoeten?

5. Wat vraagt Sarah aan de hoofdpersoon om met haar te doen?

6. Wat zegt de hoofdpersoon als antwoord?

7. Waar denkt de hoofdpersoon aan terwijl ze zwemmen?

8. Waar denkt de hoofdpersoon aan bij zonsondergang?

9. Wat doet de hoofdpersoon elke dag nadat hij Sarah heeft ontmoet?

10. Waar denkt de hoofdpersoon aan het eind van het verhaal aan?

Vasco da Gama

Vasco da Gama nasceu em 1460 em Portugal. Foi um famoso explorador e navegador. Em 1497, conduziu a primeira frota portuguesa à Índia. A viagem levou-o à volta do Cabo da Boa Esperança, no extremo **sul** de África. Foi uma viagem perigosa, mas ele conseguiu chegar em segurança à Índia. Na Índia, Vasco da Gama trocou com a população local por especiarias e outros bens. Também se encontrou com o governante de um dos **reinos** indianos. O governante deu-lhe **permissão** para construir um posto de comércio no seu reino. Este foi um passo importante para Portugal porque lhes permitiu negociar directamente com a Índia sem passar por intermediários árabes que vinham cobrando preços **elevados** pelas especiarias. A **viagem de** Vasco da Gama foi um sucesso.

Regressou a Portugal em 1499 com um navio cheio de especiarias e outras mercadorias. Isto fez dele um herói na sua pátria. Foi-lhe também atribuída uma posição **importante** no governo português. Em 1502, Vasco da Gama partiu para outra viagem à Índia. Desta vez, levou consigo uma frota maior e mais soldados. Ele queria **estabelecer** Portugal como uma força **poderosa** na Índia. No entanto, a viagem não foi tão bem sucedida como a sua primeira. Houve muitas batalhas

Vasco da Gama

Vasco da Gama werd in 1460 in Portugal geboren. Hij was een beroemd ontdekkingsreiziger en navigator. In 1497 leidde hij de eerste Portugese vloot naar India. De reis voerde hem rond Kaap de Goede Hoop, in het zuidelijkste puntje van Afrika. Het was een gevaarlijke reis, maar hij kwam veilig aan in India. In India dreef Vasco da Gama handel met de plaatselijke bevolking voor specerijen en andere goederen. Hij ontmoette ook de heerser van een van de Indiase **koninkrijken**. De heerser gaf hem **toestemming** om een handelspost in zijn koninkrijk te bouwen. Dit was een belangrijke stap voor Portugal, omdat het nu rechtstreeks handel kon drijven met India zonder tussenkomst van Arabische tussenpersonen die **hoge** prijzen berekenden voor specerijen. Vasco da Gama's **reis** was een succes.

Hij keerde in 1499 naar Portugal terug met een schip vol specerijen en andere goederen. Dit maakte van hem een held in zijn vaderland. Hij kreeg ook een **belangrijke** positie in de Portugese regering. In 1502 ondernam Vasco da Gama een nieuwe reis naar India. Deze keer nam hij een grotere vloot en meer soldaten mee. Hij wilde Portugal **vestigen** als een **machtige** macht in India. De reis was echter niet zo succesvol als zijn eerste. Er waren veel gevechten en

e muito **derramamento de sangue**. No final, Vasco da Gama desistiu e regressou a Portugal sem cumprir o seu objectivo. Apesar deste contratempo, Vasco da Gama continuou a ser uma figura importante na história portuguesa. Ele continuou a navegar e a explorar novas terras para o seu país.

Em 1524, embarcou no que seria a sua viagem **final**. Mais uma vez, navegou à volta do Cabo da Boa Esperança, mas desta vez rumou para oeste, em direcção ao Brasil. No entanto, **a doença** obrigou-o a voltar para trás antes de poder chegar ao seu destino. Morreu pouco depois de regressar a casa. Vasco da Gama foi um dos exploradores mais **importantes** do seu tempo. Abriu novas rotas comerciais e **estabeleceu** Portugal como uma grande potência no Oriente. As suas **viagens** mudaram o mundo para sempre.

veel **bloedvergieten**. Uiteindelijk gaf Vasco da Gama het op en keerde terug naar Portugal zonder zijn doel te hebben bereikt. Ondanks deze tegenslag bleef Vasco da Gama een belangrijke figuur in de Portugese geschiedenis. Hij bleef zeilen en nieuwe landen verkennen voor zijn land.

In 1524 begon hij aan wat zijn **laatste** reis zou worden. Opnieuw zeilde hij rond Kaap de Goede Hoop, maar deze keer ging hij westwaarts, richting Brazilië. **Ziekte dwong** hem echter terug te keren voordat hij zijn bestemming kon bereiken. Hij stierf kort na zijn thuiskomst. Vasco da Gama was een van de **belangrijkste** ontdekkingsreizigers van zijn tijd. Hij opende nieuwe handelsroutes en **vestigde** Portugal als een belangrijke macht in het Oosten. Zijn **reizen** veranderden de wereld voor altijd.

Questões de compreensão

1. Onde nasceu Vasco da Gama?

2. O que fez Vasco da Gama quando chegou à Índia pela primeira vez?

3. Porque é que a segunda viagem de Vasco da Gama à Índia não foi tão bem sucedida?

4. Como é que a viagem final de Vasco da Gama se diferenciou das suas duas primeiras?

5. O que aconteceu a Vasco da Gama depois de ter regressado da sua viagem final?

6. Qual foi o impacto global de Vasco da Gama no mundo?

7. Com que país Vasco da Gama estabeleceu rotas comerciais?

8. Qual foi o principal item que Vasco da Gama trocou?

9. Quem é que Vasco da Gama teve de passar para poder negociar com a Índia?

10. Como é que a primeira viagem de Vasco da Gama à Índia afectou Portugal?

Begrip vragen

1. Waar werd Vasco da Gama geboren?

2. Wat deed Vasco da Gama toen hij voor het eerst in India aankwam?

3. Waarom was Vasco da Gama's tweede reis naar Indië niet zo succesvol?

4. Waarin verschilde Vasco da Gama's laatste reis van zijn eerste twee?

5. Wat gebeurde er met Vasco da Gama nadat hij terugkeerde van zijn laatste reis?

6. Wat was de algemene impact van Vasco da Gama op de wereld?

7. Met welk land legde Vasco da Gama handelsroutes aan?

8. Wat was het belangrijkste voorwerp dat Vasco da Gama verhandelde?

9. Wie moest Vasco da Gama passeren om handel te drijven met India?

10. Wat waren de gevolgen van Vasco da Gama's eerste reis naar India voor Portugal?

Cortiça

O Corkman era um homem **simples**, contente por viver os seus dias na pequena aldeia onde nasceu. Ele ganhava a vida o melhor que podia, fazendo biscates para os aldeões quando eles precisavam dele. Não era muito, mas era **o suficiente** para o manter vivo. Um dia, porém, a vida do Corkman mudou para sempre. Um estranho veio à cidade, oferecendo uma grande soma de **dinheiro** a qualquer pessoa que lhe pudesse trazer uma cortiça de uma certa árvore. O Corkman não sabia o que era esta árvore nem onde encontrá-la, mas sabia que se conseguisse deitar **as mãos** a uma dessas rolhas, então estaria pronto para a vida. Ele partiu para a **floresta**, à procura desta árvore misteriosa.

Procurava alto e baixo, mas por mais tempo que procurasse, não conseguia encontrá-lo **em lado nenhum.** Quando estava prestes a perder a esperança, viu algo a brilhar à distância - poderia ser? Sim! Era a cortiça da árvore! O Corkman apressou-se e arrancou-a do seu poleiro antes de regressar à cidade com o seu prémio na mão. Quando a cortiça foi apresentada pelo **estranho** (que se revelou um milionário excêntrico), o pagamento foi prontamente feito e o nosso herói continuou o seu caminho alegre - mais rico do que

Kurk

De Corkman was een **eenvoudige** man, tevreden met zijn leven in het kleine dorp waar hij geboren was. Hij scharrelde zo goed mogelijk zijn kostje bij elkaar door klusjes te doen voor de dorpelingen als ze hem nodig hadden. Het was niet veel, maar het was **genoeg** om hem op de been te houden. Maar op een dag veranderde het leven van de Corkman voorgoed. Een vreemdeling kwam naar het dorp en bood een grote som **geld** aan voor iedereen die hem een kurk van een bepaalde boom kon brengen. De kurkenman wist niet wat voor boom het was of waar hij hem kon vinden, maar hij wist dat als hij zo'n kurk te **pakken** kon krijgen, hij voor altijd verloren zou zijn. Hij ging het **bos in**, op zoek naar deze mysterieuze boom.

Hij zocht hoog en laag, maar hoe lang hij ook zocht, hij kon het **nergens** vinden. Net toen hij de hoop op wilde geven, zag hij iets glinsteren in de verte... zou dat het kunnen zijn? Ja! Het was de kurk van de boom! De kurkenman haastte zich naar hem toe, **plukte** hem van zijn stokje en ging terug naar de stad met zijn prijs in zijn hand. Toen de **vreemdeling** (die een excentrieke miljonair bleek te zijn) hem de kurk overhandigde, werd er prompt betaald en ging onze held vrolijker op weg - rijker dan ooit tevoren dankzij die noodlottige

nunca graças àquele dia fatídico em busca de uma cortiça. A vida do Corkman mudou **da noite para o dia**. Ele já não era um homem simples, contente por viver os seus dias na pequena aldeia - ele era agora um homem rico, com mais dinheiro do que sabia o que fazer com ele. Rapidamente se tornou o assunto da **cidade**, e todos queriam ser seus amigos.

O Corkman apreciou a sua nova **riqueza** durante algum tempo, mas eventualmente tudo começou a sentir-se um pouco vazio. Sentiu falta da simplicidade da sua antiga vida e ansiava por algo mais **significativo**. Um dia, tomou uma decisão - ele daria todo o seu dinheiro e voltaria a viver tão simplesmente como antes. Os seus amigos e família pensavam que ele era **louco**, mas não compreendiam o que era ter tudo o que se podia desejar... e ainda assim sentiam que **faltava** algo. Então o Corkman entregou a sua fortuna e voltou a viver na pequena aldeia onde tudo começou. E sabe que mais? Ele descobriu que estava mais feliz do que nunca.

dag op zoek naar een kurk. Het leven van de kurkman veranderde **van de ene dag op de andere**. Hij was niet langer een eenvoudige man die tevreden was met zijn leven in het kleine dorp, hij was nu een rijk man, met meer geld dan hij wist wat hij ermee moest doen. Hij werd al snel het gesprek van de **dag**, en iedereen wilde zijn vriend zijn.

De Corkman genoot een tijdje van zijn nieuw verworven **rijkdom**, maar uiteindelijk begon het allemaal een beetje leeg aan te voelen. Hij miste de eenvoud van zijn oude leven en verlangde naar iets **zinvollers**. Op een dag nam hij een besluit: hij zou al zijn geld weggeven en weer net zo eenvoudig gaan leven als vroeger. Zijn vrienden en familie dachten dat hij **gek** was, maar zij begrepen niet hoe het was om alles te hebben wat je je maar kon wensen... en toch het gevoel te hebben dat er iets **ontbrak**. Dus gaf de Corkman zijn fortuin weg en ging weer in het kleine dorp wonen waar het allemaal begon. En weet je wat? Hij ontdekte dat hij gelukkiger was dan ooit tevoren.

Questões de compreensão

1. O que é que o desconhecido ofereceu para pagar ao Corkman?

 2. Como é que o Corkman se sentiu com a sua nova riqueza?

3. Porque é que o Corkman voltou a viver na pequena aldeia?

4. O que pensaram os amigos e a família do Corkman sobre a sua decisão de dar a sua fortuna?

5. O que é que o Corkman encontrou quando regressou à pequena aldeia?

6. Qual era a profissão do desconhecido?

7. Qual era a profissão do Corkman?

8. Quanto dinheiro tinha o Corkman antes do desconhecido chegar à cidade?

9. Como é que o Corkman encontrou a cortiça da árvore?

10. Qual era o nome da árvore de onde o Corkman tirou a cortiça?

Begrip vragen

1. Wat bood de vreemdeling aan om de Corkman te betalen?

 2. Hoe voelde de Corkman zich over zijn nieuw gevonden rijkdom?

3. Waarom is de Corkman weer in het kleine dorp gaan wonen?

4. Wat vonden de vrienden en familie van de Corkman van zijn besluit om zijn fortuin weg te geven?

5. Wat vond de Corkman toen hij terugging naar het kleine dorp?

6. Wat was het beroep van de vreemdeling?

7. Wat was het beroep van de Corkman?

8. Hoeveel geld had de Corkman voordat de vreemdeling naar de stad kwam?

9. Hoe heeft de kurkman de kurk uit de boom gevonden?

10. Wat was de naam van de boom waar de kurkman de kurk van kreeg?

Frango Piri Piri

O sol estava a bater impiedosamente na pequena cidade de Piri Piri Piri. As únicas coisas que se moviam eram as **galinhas**, bicando no chão em busca de comida. Eram as únicas criaturas que conseguiam suportar o calor. De repente, uma das galinhas começou a abanar e a convulsionar. Parecia estar a ter uma **convulsão**. Depois, o seu corpo começou a esticar-se e a crescer até ter o dobro do seu tamanho. As suas penas ficaram vermelhas e começaram a **fumar** como se estivessem a arder. As outras galinhas fugiram com medo quando esta estranha criatura se apresentou diante delas, sem saber o que fazer a seguir. No dia seguinte, os habitantes da cidade de Piri Piri acordaram e descobriram que todas as suas galinhas se tinham transformado nestas estranhas **criaturas.** Estavam assustados e não sabiam o que fazer.

Alguns dos **corajosos** decidiram tentar apanhar uma destas galinhas e cozinhá-la, pensando que talvez tivesse o sabor de uma galinha normal. Quando a apanharam, puseram-na numa panela de água a ferver e esperaram. Mas em vez de **cozinhar**, o frango começou a arder até não restar mais nada a não ser cinzas. Os habitantes da cidade ficaram horrorizados

Piri Piri Kip

De zon scheen genadeloos op het kleine stadje
Piri Piri. De enige dingen die bewogen waren de
kippen, pikkend op de grond op zoek naar voedsel.
Zij waren de enige dieren die tegen de hitte konden.
Plotseling begon een van de kippen te schudden en
te stuiptrekken. Het leek alsof het een **aanval** had.
Toen begon zijn lichaam uit te rekken en te groeien tot
het twee keer zo groot was. Zijn veren werden rood
en begonnen **te roken** alsof ze in brand stonden. De
andere kippen renden bang weg terwijl dit vreemde
wezen voor hen stond, onzeker over wat ze nu moesten
doen. De volgende dag werden de inwoners van Piri
Piri wakker en zagen dat al hun kippen in vreemde
wezens waren veranderd. Ze waren bang en wisten
niet wat ze moesten doen.

Enkele **dapperen** besloten te proberen een van deze
kippen te vangen en te koken, in de veronderstelling
dat het misschien zou smaken als gewone kip. Toen
ze er een hadden gevangen, stopten ze die in een pan
met kokend water en wachtten. Maar in plaats van **te
koken**, begon de kip op te branden tot er alleen nog
maar as over was. De dorpelingen waren ontzet en
wisten dat dit toch geen normale dag zou worden. Toen
het nieuws over de **vreemde** kippen zich verspreidde,

e sabiam que afinal este não seria um dia normal. À medida que se espalhava a notícia sobre as **estranhas** galinhas, as pessoas de todo o lado vinham vê-las por si próprias. Os cientistas chegaram para as estudar e descobrir o que as tornava diferentes das galinhas **normais.** Mas por muito que estudassem, não conseguiam descobrir. A única coisa que alguém sabia ao certo era que estas galinhas não eram definitivamente seguras para comer. A cidade de Piri Piri tornou-se uma atracção **turística por causa** das estranhas galinhas. As pessoas vinham de todo o lado para as ver e tirar fotografias.

As pessoas da cidade começaram a ganhar dinheiro com isto e puderam melhorar as suas vidas. Construíram novas casas e empresas, e a cidade **floresceu**. Mas apesar de agora terem dinheiro, os habitantes da cidade ainda não conseguiam perceber o que tornava estas galinhas tão especiais. E eles sabiam que, enquanto não soubessem, havia sempre a possibilidade de algo correr mal. Um dia, um grupo de **cientistas** veio à cidade com uma nova teoria. Disseram que tinham descoberto que as galinhas tinham sofrido mutações devido à radiação solar. Isto explica porque só foram encontradas em Piri Piri e em mais nenhum lugar do mundo. Os habitantes da cidade ficaram aliviados por **finalmente** terem uma explicação para estas estranhas criaturas.

kwamen mensen van overal om ze met eigen ogen te zien. Wetenschappers kwamen om ze te bestuderen en uit te zoeken wat hen anders maakte dan **gewone** kippen. Maar hoeveel ze ook bestudeerden, ze konden er niet achter komen. Het enige wat iedereen zeker wist, was dat deze kippen absoluut niet veilig waren om te eten. Het stadje Piri Piri werd een **toeristische** trekpleister vanwege de vreemde kippen. Mensen kwamen van overal om ze te zien en foto's te nemen.

De stedelingen begonnen hier geld aan te verdienen en konden hun leven verbeteren. Ze bouwden nieuwe huizen en bedrijven, en de stad **bloeide op**. Maar ook al hadden ze nu geld, ze konden er nog steeds niet achter komen wat deze kippen zo speciaal maakte. En ze wisten dat, zolang ze het niet wisten, er altijd een kans was dat er iets mis zou gaan. Op een dag kwam een groep **wetenschappers** naar het dorp met een nieuwe theorie. Ze zeiden dat ze ontdekt hadden dat de kippen gemuteerd waren door de straling van de zon. Dit verklaarde waarom ze alleen in Piri Piri voorkwamen en nergens anders ter wereld. De dorpelingen waren opgelucht dat ze **eindelijk** een verklaring hadden voor deze vreemde wezens.

Questões de compreensão

1. Qual foi a reacção inicial dos habitantes da cidade quando souberam das galinhas estranhas?

2. Como é que as pessoas da cidade ganharam dinheiro com as galinhas estranhas?

3. O que é que o grupo de cientistas disse que foi a causa da mutação das galinhas?

4. Como se sentiram as pessoas da cidade quando descobriram a causa das galinhas?

5. O que é que os habitantes da cidade ainda não sabem sobre as galinhas?

6. O que aconteceria se alguém tentasse comer uma das galinhas estranhas?

7. Como era a galinha estranha quando se transformou pela primeira vez?

8. Como reagiram as outras galinhas quando viram a estranha galinha?

9. Quanto tempo demorou a população da cidade a descobrir a causa das galinhas?

Begrip vragen

1. Wat was de eerste reactie van de dorpelingen toen ze ontdekten over de vreemde kippen?

2. Hoe verdienden de dorpelingen geld aan de vreemde kippen?

3. Wat was volgens de groep wetenschappers de oorzaak van de mutatie van de kippen?

4. Hoe voelden de stedelingen zich toen ze de oorzaak van de kippen ontdekten?

5. Wat is iets dat de dorpelingen nog steeds niet weten over de kippen?

6. Wat zou er gebeuren als iemand een van de vreemde kippen zou proberen op te eten?

7. Hoe zag de vreemde kip eruit toen ze voor het eerst veranderde?

8. Hoe reageerden de andere kippen toen ze de vreemde kip zagen?

9. Hoe lang duurde het voordat de dorpelingen de oorzaak van de kippen doorhadden?

Golfe

O sol estava a bater no campo de golfe, fazendo com que a relva parecesse murchar com o calor. O único som que se podia ouvir era o som **ocasional** de um taco a bater numa bola. Ia ser um longo dia aqui fora. John tinha jogado golfe durante anos, e adorava-o. Ele adorava a sensação de **afundar** um putt ou de bater uma tacada directamente no fairway. Mas hoje, a sua mente não estava no seu jogo. A sua mente estava na sua **mulher**, que falecera há duas semanas devido a cancro. Ele tentou concentrar-se no seu swing, mas sempre que o fazia, via a cara dela nos olhos da sua mente. Já **sentia** tanto a **falta** dela, e doía saber que ela nunca mais estaria lá para o ver jogar. Finalmente desistiu, John saiu do **percurso** e dirigiu-se para casa. John estava sentado na sua sala de estar, a olhar para a televisão mas não a via realmente.

A sua mente ainda estava no golfe e na sua esposa. Ele sabia que precisava de sair de **casa** e fazer alguma coisa, ou ficaria louco. Levantou-se do sofá e foi para a garagem, onde os seus tacos de golfe estavam **guardados**. Levou-os para fora e colocou-os no seu carro, depois conduziu até ao campo. Estava vazio quando chegou, o que era exactamente o que ele queria. Caminhou para a primeira caixa de tacos e

Golf

De zon scheen op de golfbaan en het gras leek te verwelken in de hitte. Het enige geluid dat te horen was, was **af en toe** de klap van een club die een bal raakte. Het zou hier een lange dag worden. John speelde al jaren golf, en hij hield ervan. Hij hield van het gevoel om een putt **te slaan** of een drive rechtdoor de fairway in te slaan. Maar vandaag, was hij niet met zijn spel bezig. Zijn gedachten waren bij zijn **vrouw**, die twee weken geleden aan kanker was overleden. Hij probeerde zich te concentreren op zijn swing, maar elke keer als hij dat deed, zag hij haar gezicht in zijn geestesoog. Hij **miste** haar nu al zo erg, en het deed pijn te weten dat ze er nooit meer zou zijn om hem te zien spelen. Uiteindelijk gaf John het op, liep van de **baan** en ging naar huis. John zat in zijn woonkamer, staarde naar de televisie maar zag hem niet echt.

Zijn gedachten waren nog steeds bij golf en zijn vrouw. Hij wist dat hij het **huis uit** moest en iets moest doen, anders zou hij gek worden. Hij stond op van de bank en ging naar de garage, waar zijn golfclubs waren **opgeslagen**. Hij haalde ze eruit en legde ze in zijn auto, waarna hij naar de golfbaan reed. Die was leeg toen hij aankwam, en dat was precies wat hij wilde. Hij liep naar de eerste tee box en staarde naar de **bal**.

olhou fixamente para a **bola**. Conseguiu voltar a ver o seu rosto, sorrindo para ele do outro lado do túmulo. Sacudindo a cabeça para a limpar, John respirou fundo e balançou. Enquanto John jogava sozinho por 18 buracos, começou a sentir-se **melhor**. O ar fresco e o exercício estavam a fazer-lhe bem, e pensar em tempos felizes com a sua mulher em vez de se deter na sua **morte** também estava a ajudar. Quando terminou de jogar, o sol tinha começado a pôr-se, e John sentia-se como um homem novo.

Empacotou os seus tacos, entrou no seu carro, e dirigiu-se para casa, sentindo-se **grato** por ter um escape tão grande para lidar com este período difícil da sua vida. John continuou a jogar golfe várias vezes por semana, e isso tornou-se a sua **terapia**. Começou a encontrar-se com outras pessoas no campo que estavam a lidar com os seus próprios problemas, e muitas vezes falavam enquanto jogavam. Era bom ter alguém para conversar com quem **compreendesse** o que ele estava a passar. Finalmente, John começou a entrar novamente em **torneios**, e até ganhou alguns deles. Mas mais importante, ele sentiu que finalmente tinha encontrado **a paz** depois de perder a sua esposa. O golfe tinha-o salvado de uma vida de solidão e tristeza, e por isso ficaria eternamente grato.

Hij kon haar gezicht weer zien, glimlachend naar hem vanuit het graf. John schudde zijn hoofd om het helder te krijgen, haalde diep adem en sloeg. Terwijl John in zijn eentje 18 holes speelde, begon hij zich **beter te voelen**. De frisse lucht en de lichaamsbeweging deden hem goed, en denken aan de gelukkige tijden met zijn vrouw in plaats van stil te staan bij haar **dood**, hielp ook. Tegen de tijd dat hij klaar was met spelen, begon de zon onder te gaan, en John voelde zich als een nieuw mens.

Hij pakte zijn clubs, stapte in zijn auto en ging naar huis, zich **dankbaar voelend** dat hij zo'n goede uitlaatklep had om met deze moeilijke tijd in zijn leven om te gaan. John bleef een paar keer per week golf spelen, en het werd zijn **therapie**. Hij begon op de golfbaan andere mensen te ontmoeten die met hun eigen problemen te maken hadden, en zij praatten vaak terwijl ze speelden. Het was fijn om iemand te hebben om mee te praten die **begreep** wat hij doormaakte. Uiteindelijk begon John weer mee te doen aan **toernooien**, en hij won er zelfs een paar. Maar wat belangrijker was, hij had het gevoel dat hij eindelijk **rust had** gevonden na het verlies van zijn vrouw. Golf had hem gered van een leven vol eenzaamheid en verdriet, en daar zou hij hem eeuwig dankbaar voor zijn.

Questões de compreensão

1. Em que estava a mente de John concentrada enquanto jogava golfe?

2. Como se sentiu John quando começou a jogar golfe novamente?

3. O que é que John fez quando chegou ao campo de golfe pela primeira vez?

4. Como é que John se sentiu no final do jogo?

5. O que é que John fez depois de ter terminado de jogar golfe?

6. Porque é que John começou a jogar golfe novamente?

7. Em que pensou John enquanto jogava golfe?

8. Onde estava focada a mente de John enquanto jogava golfe?

9. Quando começou John a jogar golfe novamente?

10. O que é que John fez quando chegou ao campo de golfe pela primeira vez?

Begrip vragen

1. Waar was John's geest op gericht terwijl hij golf speelde?

2. Hoe voelde John zich toen hij weer begon te golfen?

3. Wat deed John toen hij voor het eerst op de golfbaan aankwam?

4. Hoe voelde John zich aan het eind van het spel?

5. Wat deed John nadat hij klaar was met golfen?

6. Waarom is John weer begonnen met golfen?

7. Waar dacht John aan terwijl hij golf speelde?

8. Waar was John's geest op gericht terwijl hij golf speelde?

9. Wanneer is John weer begonnen met golfen?

10. Wat deed John toen hij voor het eerst op de golfbaan kwam?

Lisboa

Lisboa foi uma cidade que sempre pareceu estar num estado de **fluxo**. Novos edifícios estavam constantemente a subir enquanto os antigos estavam a ser demolidos. As ruas estavam sempre ocupadas com pessoas a entrar e a sair, e o ar enchia-se com o som das obras de **construção.** Era uma cidade que estava sempre a mudar, e parecia que tudo podia acontecer a qualquer momento. Uma manhã, Lisboa acordou para descobrir que todos os novos edifícios tinham desaparecido da noite para o dia. Tinham simplesmente desaparecido **no** ar, deixando para trás apenas lotes vazios e escombros. Ninguém podia explicar o que tinha acontecido, mas **todos** sabiam que algo de estranho se estava a passar em Lisboa. À medida que os dias passavam, mais e mais coisas começavam a desaparecer da cidade. Os carros desapareceram dos parques de estacionamento, as árvores desapareceram dos parques, e até mesmo as pessoas começaram a desaparecer das suas casas. Em breve, Lisboa foi quase **abandonada**; apenas uma mão-cheia de pessoas permaneceu na outrora metrópole de autocarros. Aqueles que ficaram em Lisboa rapidamente perceberam que não estavam sozinhos.

Lissabon

Lissabon was een stad die altijd in **beweging** leek te zijn. Er werden voortdurend nieuwe gebouwen opgetrokken en oude afgebroken. De straten waren altijd druk met mensen die kwamen en gingen, en de lucht was gevuld met het geluid van bouwwerkzaamheden. Het was een stad die altijd veranderde, en het voelde alsof er op elk moment van alles kon gebeuren. Op een ochtend werd Lissabon wakker en ontdekte dat alle nieuwe gebouwen van de ene op de andere dag waren verdwenen. Ze waren gewoon in **het niets** verdwenen, met achterlating van lege kavels en puin. Niemand kon verklaren wat er was gebeurd, maar **iedereen** wist dat er iets vreemds aan de hand was in Lissabon. Naarmate de dagen verstreken, verdwenen er steeds meer dingen uit de stad. Auto's verdwenen van parkeerplaatsen, bomen verdwenen uit parken, en zelfs mensen begonnen uit hun huizen te verdwijnen. Al snel was Lissabon bijna **verlaten**; slechts een handjevol mensen bleef over in de eens zo bruisende metropool. Degenen die in Lissabon bleven, realiseerden zich al snel dat ze niet alleen waren.

Er zijn vreemde wezens in de stad verschenen, die zich in **de schaduw ophielden** en hen van een afstand

Estranhas criaturas começaram a aparecer na cidade, à espreita nas **sombras** e a observá-las à distância. Nunca foram vistas de perto, mas todos podiam sentir os seus olhos nelas em todos os momentos. As criaturas pareciam estar **à espera** de algo, e as pessoas de Lisboa sabiam que estavam de alguma forma ligadas aos desaparecimentos. Não sabiam o que estas criaturas queriam, mas sabiam que precisavam de descobrir antes que fosse demasiado tarde. Um pequeno grupo de almas corajosas decidiu **aventurar-se** num dos edifícios abandonados em busca de respostas. Não faziam ideia do que iriam encontrar, mas sabiam que tinham de fazer alguma coisa. Contudo, logo que entraram, perceberam que havia algo de errado com este **lugar**. O ar era espesso e pesado, e um silêncio assustador pairava sobre tudo. Parecia que o próprio tempo tinha parado dentro deste **edifício**. Ao explorarem o edifício, o grupo começou a aperceber-se de que não estavam sozinhos. Conseguiam sentir algo a observá-los das sombras, e estava a tornar-se cada vez mais difícil manter a calma.

in de gaten hielden. Ze werden nooit van dichtbij gezien, maar iedereen kon hun ogen de hele tijd op zich gericht voelen. De wezens leken ergens op te wachten, en de inwoners van Lissabon wisten dat er een verband was tussen hen en de verdwijningen. Ze wisten niet wat deze wezens wilden, maar ze wisten dat ze daar achter moesten komen voor het te laat was. Een kleine groep dappere zielen besloot **zich** in een van de verlaten gebouwen te wagen, op zoek naar antwoorden. Ze hadden geen idee wat ze zouden vinden, maar ze wisten dat ze iets moesten doen. Zodra ze binnenkwamen, beseften ze echter dat er iets mis was met deze **plek**. De lucht was dik en zwaar, en er hing een angstaanjagende stilte over alles. Het voelde alsof de tijd zelf stil was blijven staan in dit **gebouw**. Terwijl ze het gebouw verkenden, begon de groep te beseffen dat ze niet alleen waren. Ze voelden dat iets hen vanuit de schaduw in de gaten hield, en het werd steeds moeilijker om kalm te blijven.

Questões de compreensão

1. Qual é o nome do protagonista?

2. O que é que o protagonista faz na vida?

3. Qual é o nome do antagonista?

4. O que é que o antagonista faz na vida?

5. Como é que o protagonista se sente em relação ao antagonista?

6. Como é que o antagonista se sente em relação ao protagonista?

7. Qual é o clímax da história?

8. Qual é a resolução da história?

9. Que tema é explorado na história?

10. Qual é o género da história?

Begrip vragen

1. Wat is de naam van de hoofdpersoon?

2. Wat doet de hoofdpersoon voor de kost?

3. Wat is de naam van de antagonist?

4. Wat doet de antagonist voor de kost?

5. Hoe denkt de protagonist over de antagonist?

6. Hoe denkt de antagonist over de protagonist?

7. Wat is de climax van het verhaal?

8. Wat is de oplossing van het verhaal?

9. Welk thema wordt in het verhaal uitgediept?

10. Wat is het genre van het verhaal?

Música de Fado

A primeira vez que ouvi música de fado, fui imediatamente transportado para outro local. Era como se a **voz** do cantor e a melodia da guitarra estivessem a falar directamente para a minha alma. Senti uma profunda ligação à música e sabia que ela teria sempre um lugar especial no meu coração. Desde então, cada vez que ouço música de fado, isso leva-me de volta àquele momento **mágico** em que me apaixonei por ela pela primeira vez. Quer esteja a ouvir uma actuação ao vivo ou simplesmente a transmitir uma canção no meu telefone, a sensação é sempre a mesma: como regressar a casa. Muitas vezes dou comigo a sonhar acordado sobre como seria viver num mundo onde a música de fado é a única coisa que existe. Na minha **mente**, todos sabem tocar guitarra e cantar, e não há outros géneros de música. Os dias são preenchidos com o som das pessoas a fazer serenatas nas praças e parques públicos, e as noites são passadas a **dançar** juntas sob as estrelas. É um sonho bonito, mas que nunca se tornará realidade.

Por agora, contento-me em ouvir música de fado sempre que posso e deixo-a transportar-me para o seu próprio lugar especial. Uma das minhas coisas favoritas é ir a **concertos de** Fado. Há algo na música ao vivo

Fado Muziek

De eerste keer dat ik Fadomuziek hoorde, werd ik meteen naar een andere plaats getransporteerd. Het was alsof de **stem** van de zangeres en de melodie van de gitaar rechtstreeks tot mijn ziel spraken. Ik voelde een diepe verbondenheid met de muziek en wist dat het altijd een speciale plaats in mijn hart zou hebben. Sindsdien brengt elke keer dat ik Fadomuziek hoor, het me terug naar dat **magische** moment waarop ik er voor het eerst verliefd op werd. Of ik nu naar een live optreden luister of gewoon een liedje stream op mijn telefoon, het gevoel is altijd hetzelfde: alsof ik thuiskom. Ik dagdroom vaak over hoe het zou zijn om in een wereld te leven waar alleen maar fadomuziek bestaat. In mijn **gedachten** weet iedereen hoe je gitaar moet spelen en zingen, en zijn er geen andere muziekgenres. De dagen worden gevuld met het geluid van mensen die elkaar serenades brengen op openbare pleinen en in parken, en de nachten worden doorgebracht met samen **dansen** onder de sterrenhemel. Het is een mooie droom, maar een die nooit werkelijkheid zal worden.

Voorlopig ben ik tevreden met het luisteren naar fado-muziek wanneer ik maar kan en laat ik me erdoor meevoeren naar een eigen, speciale plaats.

que simplesmente não pode ser batido. Adoro sentir a energia da multidão e ver os intérpretes interagirem uns com os outros em **palco**. É sempre uma experiência especial, e que eu aprecio sempre. Lembro-me de um concerto em particular que foi particularmente memorável. O cantor era tão apaixonado e cheio de alma, e o **tocar de** guitarra era simplesmente bonito. Todos na audiência estavam completamente cativados pela música, e parecia que estávamos todos a partilhar algo verdadeiramente **especial**. Nessa noite, apaixonei-me ainda mais pela música de fado e soube que ela teria sempre um lugar no meu coração. Hoje em dia, dou por mim a ouvir cada vez mais a música de fado. Tornou-se a banda sonora da minha vida, e não consigo imaginar viver sem ela. Sempre que preciso de me levantar ou quero relaxar, sei que só preciso de colocar a minha canção de fado favorita e deixar a **magia** acontecer.

Estou tão grato por ter encontrado esta música e estou sempre entusiasmado por partilhá-la com outros. Se nunca ouviu falar de fado antes, peço-lhe que a experimente. Talvez se veja apaixonado por ela, como eu me apaixonei. Num mundo que pode ser tão **caótico** e barulhento, a música de fado é o meu oásis. É a única coisa que me traz sempre paz e que me faz sentir em casa.

Een van mijn favoriete dingen om te doen is naar een **Fadoconcert** gaan. Er is iets met live muziek dat gewoon niet te verslaan is. Ik hou ervan om de energie van het publiek te voelen en de artiesten op **het podium met elkaar te zien interageren**. Het is altijd een speciale ervaring, die ik elke keer koester. Ik herinner me een bepaald concert dat bijzonder gedenkwaardig was. De zanger was zo gepassioneerd en soulvol, en het **gitaarspel** was gewoonweg prachtig. Iedereen in het publiek was volledig in de ban van de muziek, en het voelde alsof we allemaal deelden in iets heel **speciaals**. Die avond werd ik nog verliefder op fado-muziek en wist ik dat het altijd een plaats in mijn hart zou hebben. Tegenwoordig luister ik steeds vaker naar fado-muziek. Het is de soundtrack van mijn leven geworden, en ik kan me niet voorstellen zonder te moeten leven. Telkens als ik een opkikkertje nodig heb of wil ontspannen, weet ik dat het enige wat ik moet doen is mijn favoriete Fado-nummer opzetten en de **magie laten** gebeuren.

Ik ben zo dankbaar dat ik deze muziek heb gevonden en ik ben altijd blij dat ik ze met anderen kan delen. Als je nog nooit van Fado hebt gehoord, dring ik er bij je op aan het eens te proberen. Misschien word je er wel verliefd op, net als ik. In een wereld die zo **chaotisch** en lawaaierig kan zijn, is Fadomuziek mijn oase. Het is het enige dat me altijd tot rust brengt en me thuis laat voelen.

Questões de compreensão

1. Qual é a sensação da autora na primeira vez que ouviu música de fado?

2. O autor pensa que a música de fado é o único género de música?

3. O que é que a autora faz quando quer relaxar?

4. Como é que a autora pensa que seria a sua vida sem música de fado?

5. O que pensa o autor da música ao vivo?

6. O que pensa a autora sobre o concerto de fado a que assistiu?

7. O que pensa o autor do cantor e do guitarrista no concerto de fado?

8. O que pensa o autor sobre a multidão no concerto de fado?

9. O que pensa o autor da música de fado em geral?

10. O que pensa a autora que o futuro reserva para ela e para a música de fado?

Begrip vragen

1. Wat is het gevoel van de schrijfster toen ze voor het eerst fado-muziek hoorde?

2. Denkt de auteur dat fado-muziek het enige muziekgenre is?

3. Wat doet de schrijfster als ze zich wil ontspannen?

4. Hoe zou haar leven er volgens de schrijfster uitzien zonder fado-muziek?

5. Wat vindt de auteur van live muziek?

6. Wat vindt de schrijfster van het fado concert dat ze bijwoonde?

7. Wat vindt de auteur van de zanger en de gitarist tijdens het Fado concert?

8. Wat vindt de schrijver van het publiek bij het Fado concert?

9. Wat vindt de auteur van de fado-muziek in het algemeen?

10. Wat denkt de schrijfster dat de toekomst voor haar en de fado-muziek in petto heeft?

Futebol

O jogo de futebol tem sido sempre uma **paixão** minha. Eu observava horas e horas de jogos, esperando ansiosamente pela minha vez de jogar. Quando finalmente chegou a hora, fiquei extasiado. Coloquei as minhas chuteiras e pisei o campo com **borboletas** no estômago. O apito soou e o jogo começou. Percebi rapidamente que isto não era como ver de lado; era muito mais intenso. A outra equipa vinha até nós com toda a força, e nós estávamos a lutar para nos acompanhar. De repente, alguém chutou a **bola** na minha direcção, e tudo parecia abrandar. Sem pensar, reagi instintivamente e chutei-a de volta antes que alguém a pudesse roubar de mim. Soube bem poder contribuir para o esforço da nossa equipa, e em breve, estávamos à frente por um golo, graças ao meu remate de **sorte**!

Aguentámos até o apito final e celebrámos juntos a nossa **vitória** - algo que nunca esquecerei. À medida que os anos foram passando, o meu amor pelo futebol só se tornou mais forte. Continuei a jogar e a aperfeiçoar as minhas capacidades, sonhando um dia em tornar-me um **jogador** profissional. Os meus pais apoiavam os meus sonhos e levavam-me frequentemente a assistir aos jogos no estádio. Um dia,

Voetbal

Het voetbalspel is altijd mijn **passie geweest**. Ik keek uren naar wedstrijden en wachtte gretig op mijn beurt om te spelen. Toen het eindelijk zover was, was ik dolgelukkig. Ik trok mijn schoenplaatjes aan en stapte het veld op met **vlinders** in mijn buik. Het fluitsignaal klonk en de wedstrijd begon. Ik besefte al snel dat dit niet was zoals kijken vanaf de zijlijn; het was veel intenser. Het andere team kwam met volle kracht op ons af, en wij hadden moeite om het bij te houden. Plotseling schopte iemand de **bal** naar me toe, en alles leek langzamer te gaan. Zonder na te denken, reageerde ik instinctief en schopte de bal terug voordat iemand hem van me af kon pakken. Het voelde goed om bij te kunnen dragen aan de inspanning van ons team, en al snel stonden we met één doelpunt voor dankzij mijn geluksschot!

We hielden vol tot het laatste fluitsignaal en vierden samen onze **overwinning** - iets dat ik nooit zal vergeten. Naarmate de jaren verstreken, werd mijn liefde voor voetbal alleen maar sterker. Ik bleef spelen en mijn vaardigheden aanscherpen, en droomde ervan om op een dag **profspeler** te worden. Mijn ouders steunden mijn dromen en namen me vaak mee om wedstrijden In het stadion te bekijken. Op een dag

de repente, recebi uma chamada de um olheiro que me tinha visto jogar. Ele disse-me que eu tinha **potencial** e convidou-me a vir experimentar para a sua equipa. Era uma oportunidade única na vida e eu não podia dizer não. Fiz as malas e despedi-me da minha **família**, sem saber quando ou se alguma vez os voltaria a ver. As provas foram difíceis, mas consegui impressionar os olheiros o suficiente para ganhar um lugar na **equipa**. A partir de então, a minha vida mudou para sempre.

Hoje em dia, o futebol é mais do que apenas um jogo para mim; é o meu sustento. Como parte de uma equipa em ascensão na Europa, viajamos por todo o continente, competindo contra alguns dos melhores **jogadores** do mundo. É um trabalho exigente mas também incrivelmente gratificante, especialmente quando ganhamos! Os nossos adeptos também são espantosos; aparecem sempre em massa sempre que temos um jogo, independentemente do local onde este está a decorrer. Uma das melhores coisas de ser jogador de futebol profissional é que posso viajar para tantos lugares diferentes. Tive a **sorte** de ver algumas paisagens incríveis e conhecer muitas pessoas interessantes de todos os estilos de vida. O futebol abriu-me verdadeiramente o mundo de formas que nunca poderia ter **imaginado**. Olhando para trás, é difícil **de acreditar** o quão longe cheguei desde aqueles primeiros dias a jogar futebol no meu **quintal**.

kreeg ik onverwachts een telefoontje van een scout die me had zien spelen. Hij vertelde me dat ik **potentieel** had en nodigde me uit om voor zijn team uit te komen. Het was een unieke kans en ik kon geen nee zeggen. Ik pakte mijn koffers en nam afscheid van mijn **familie**, niet wetende wanneer en of ik ze ooit nog zou zien. De try-outs waren zwaar, maar ik slaagde erin genoeg indruk te maken op de scouts om een plaats in het **team te verdienen**. Vanaf dat moment was mijn leven voor altijd veranderd.

Tegenwoordig is voetbal voor mij meer dan een spelletje; het is mijn broodwinning. Als lid van een opkomend team in Europa reizen we over het hele continent en nemen we het op tegen enkele van de beste **spelers ter wereld**. Het is veeleisend werk, maar ook ongelooflijk lonend, vooral als we winnen! Onze fans zijn ook geweldig; ze komen altijd massaal opdagen als we een wedstrijd hebben, ongeacht waar die plaatsvindt. Een van de beste dingen van profvoetballer zijn, is dat ik naar zoveel verschillende plaatsen kan reizen. Ik heb **het geluk gehad** om een aantal fantastische bezienswaardigheden te zien en veel interessante mensen uit alle lagen van de bevolking te ontmoeten. Voetbal heeft de wereld voor me geopend op een manier die ik **me nooit had kunnen voorstellen**. Terugkijkend is het moeilijk **te geloven** hoe ver ik ben gekomen sinds die eerste dagen, toen ik voetbal speelde in mijn **achtertuin**.

Questões de compreensão

1. O que foi sempre uma paixão do autor?

2. Quando é que o autor finalmente chegou a jogar futebol?

3. O que é que o autor percebeu quando pisou no campo?

4. Como é que o autor se sentiu quando chutaram a bola de volta?

5. O que é que os pais do autor fizeram para apoiar os seus sonhos?

6. Qual foi o resultado das provas do autor?

7. O que é agora o futebol mais do que para o autor?

8. Qual é uma das melhores coisas em ser um jogador de futebol profissional?

9. O que é que o futebol se abriu para o autor?

10. Qual é o sonho do autor?

Begrip vragen

1. Wat is altijd al een passie van de auteur geweest?

2. Wanneer kon de auteur eindelijk voetballen?

3. Wat realiseerde de auteur zich toen ze op het veld stapten?

4. Hoe voelde de auteur zich toen ze de bal terugschopten?

5. Wat deden de ouders van de auteur om zijn dromen te ondersteunen?

6. Wat was het resultaat van de try-outs van de auteur?

7. Wat is voetbal nu meer dan voor de auteur?

8. Wat is een van de beste dingen aan profvoetballer zijn?

9. Wat heeft voetbal voor de auteur geopend?

10. Wat is de droom van de auteur?

Na praia

Após o nascer do sol, as ondas são mais altas e a areia acima da maré é branca. Desço para a praia, **admirando** o mar e o sol. Os meus dedos dos pés sentem os sulcos das conchas. A areia está fria nos meus dedos dos pés. Sorrio e continuo. A maré está alta, por isso tenho de ter cuidado para não ser puxado para dentro. Caminho ao longo da borda da água, admirando o mar. O nascer do sol é **lindo**, e as ondas estão a bater. Sinto-me tão tranquilo. Chego a um local onde há um afloramento de rochas. Sento-me e observo as ondas. A água é tão azul e o céu é tão **alaranjado**. Sinto-me como se estivesse num sonho. Fecho os olhos e ouço apenas as ondas. Sentei-me ali durante muito tempo, até ouvir alguém a chamar pelo meu nome.

Abro os meus olhos e vejo a minha mãe a caminhar na minha direcção. Ela tem um olhar preocupado no seu rosto. Eu sorrio e aceno, e ela **relaxa**. "Estava a perguntar-me para onde foi", diz ela. "Ainda bem que estás a gostar da praia". Eu respondo: "Estou". "É tão bonito aqui". "Eu sei", diz ela. "Costumava vir aqui muitas vezes quando tinha a tua idade". "A sério?" pergunto eu. "Sim", responde ela. "É um lugar especial". "Alguma vez conheceu alguém especial

Op het strand

Na zonsopgang zijn de golven luider en het zand boven de vloed is wit. Ik loop naar het strand en **bewonder** de zee en de zon. Mijn tenen voelen de groeven van schelpen. Het zand is koud aan mijn tenen. Ik glimlach en loop door. Het is vloed, dus ik moet oppassen dat ik er niet in word getrokken. Ik loop langs de waterkant en bewonder de zee. De zonsopgang is **prachtig**, en de golven beuken. Ik voel me zo vredig. Ik kom op een plek waar een rots uitsteekt. Ik ga zitten en kijk naar de golven. Het water is zo blauw en de lucht is zo **oranje**. Ik voel me alsof ik in een droom ben. Ik sluit mijn ogen en luister alleen maar naar de golven. Ik zat daar een hele tijd, tot ik iemand mijn naam hoorde roepen.

Ik open mijn ogen en zie mijn moeder naar me toe lopen. Ze heeft een bezorgde blik op haar gezicht. Ik glimlach en zwaai, en ze **ontspant zich**. "Ik vroeg me al af waar je was," zegt ze. "Ik ben blij dat je van het strand geniet." Ik antwoord: "Dat doe ik." "Het is hier zo mooi." "Ik weet het," zegt ze. "Ik kwam hier altijd toen ik zo oud was als jij." "Echt waar?" Vraag ik. "Ja," antwoordt ze. "Het is een speciale plek." "Heb je hier ooit een speciaal iemand ontmoet?" Vraag ik. "Ik wel," antwoordt ze met een glimlach. "Je vader." "Echt waar?" Zeg ik, **verbaasd**. "Ja," zegt ze. "We kwamen hier altijd

aqui?" pergunto eu. "Conheci", responde ela com um sorriso. "O teu pai". "A sério?" **surpreendido**". "Sim", diz ela. "Costumávamos vir aqui sempre juntos. Foi aqui que nos apaixonámos. "Sorrio, **imaginando** os meus pais a apaixonarem-se nesta bela praia. "É um lugar especial", repete ela. "Estou contente por teres vindo aqui hoje".

Ficamos ali sentados durante mais algum tempo, **observando** as ondas e o pôr-do-sol. Depois levantamo-nos e voltamos a pé para as nossas toalhas de praia. Deitei-me e olhei para as estrelas. Sinto-me tão feliz e contente. As ondas estão mais altas agora, e a areia está fria. O sol está a pôr-se e uma brisa fresca está a soprar. As ondas estão a bater contra a costa, e o cheiro a sal está no ar. É uma noite perfeita para estar na praia. Estou a caminhar ao longo da costa, a **ouvir** o som das ondas e a ver o pôr-do-sol. Vejo um grupo de pessoas sentadas na areia, a rir e a brincar. Parecem estar a divertir-se imenso. Caminho até elas e pergunto se me posso juntar a elas. Eles dizem que sim, e passamos o resto da noite a falar, a rir, e a ver o **pôr-do-sol**. É uma noite perfeita. O grupo e eu conversamos até o pôr-do-sol. Partilhamos histórias e piadas, e todos nos divertimos imenso. À medida que a noite começa a cair, todos nós começamos a sentir-nos cansados. Damos um beijo de **despedida** uns aos outros e partimos. Volto a pé para o meu hotel, sentindo-me feliz e contente.

samen. Het is waar we verliefd werden. " Ik glimlach en **stel me voor hoe** mijn ouders verliefd werden op dit prachtige strand. "Het is een speciale plek," herhaalt ze. "Ik ben blij dat je hier vandaag bent."

We zitten daar nog een tijdje, **kijken naar** de golven en de zonsondergang. Dan staan we op en lopen terug naar onze strandhanddoeken. Ik ga liggen en kijk naar de sterren. Ik voel me zo gelukkig en tevreden. De golven zijn nu luider, en het zand is koud. De zon gaat onder en er waait een koel briesje. De golven beuken tegen de kust, en de geur van zout hangt in de lucht. Het is een perfecte avond om op het strand te zijn. Ik loop langs het strand, **luister** naar het geluid van de golven en kijk naar de zonsondergang. Ik zie een groep mensen op het zand zitten, lachend en grapjes makend. Ze zien eruit alsof ze het naar hun zin hebben. Ik loop naar ze toe en vraag of ik erbij mag komen zitten. Ze zeggen ja, en we brengen de rest van de avond door met praten, lachen en kijken naar de **zonsondergang**. Het is een perfecte avond. De groep en ik praten tot de zon ondergaat. We delen verhalen en grappen, en we hebben allemaal een geweldige tijd. Als de avond begint te vallen, beginnen we allemaal moe te worden. We kussen elkaar **vaarwel** en gaan uit elkaar. Ik loop terug naar mijn hotel en voel me gelukkig en tevreden.

Questões de compreensão

1. Para onde vai a narradora depois de acordar?

2. O que é que a narradora admira enquanto caminha ao longo da praia?

3. O que é que a narradora tem de ter em atenção enquanto caminha ao longo da praia?

4. Onde é que o narrador se senta para apreciar a vista?

5. Quanto tempo é que o narrador fica aí sentado?

6. Quem é que a narradora vê quando volta a abrir os olhos?

7. O que diz a mãe do narrador?

8. De que falam a narradora e as pessoas que ela conhece?

Begrip vragen

1. Waar gaat de vertelster heen nadat ze wakker is geworden?

2. Wat bewondert de vertelster als ze langs het strand loopt?

3. Waar moet de vertelster op letten als ze langs het strand loopt?

4. Waar gaat de verteller zitten om van het uitzicht te genieten?

5. Hoe lang blijft de verteller daar zitten?

6. Wie ziet de verteller als ze haar ogen weer opent?

7. Wat zegt de moeder van de verteller?

8. Waar praten de verteller en de mensen die ze ontmoet over?

Acampamento no lago

Caminho em direcção ao lago, **admirando** a tranquilidade da cena. O sol está a bater no pequeno lago, fazendo com que a água pareça uma folha de vidro. O único movimento é a ondulação ocasional de um peixe a **partir da** superfície. Até os pássaros parecem estar a fazer uma pausa do calor, com apenas o som das cigarras a encher o ar. **De repente,** a paz é quebrada por um forte salpico. Um grande **peixe** saltou da água, tentando apanhar uma libélula. O peixe falha o seu alvo e cai de novo na água com um salpico. "Uau", penso para mim, "foi um peixe grande!". Olhei à minha volta para ver se mais alguém o viu, mas não havia ninguém por perto. Acho que vou ter de lhes dizer quando voltar ao acampamento.

O calor é **opressivo**, o que dificulta a respiração. O ar é espesso e pesado, como um cobertor enrolado à sua volta. O único alívio está na água. É fresco e refrescante, como uma bebida fria num dia quente. Respira-se fundo e mergulha-se na água. O relevo é imediato, pois a água fria rodeia-me. Nado até ao fundo e depois volto à superfície, sentindo a água refrescar o meu corpo. Continuo a **nadar** às voltas, aproveitando a pausa do calor. Passado algum tempo,

Kamperen aan het meer

Ik loop naar het meer en **bewonder** de vredigheid van het tafereel. De zon schijnt op het meertje, waardoor het water een glazen plaat lijkt. De enige beweging is af en toe een rimpeling van een vis **die** het wateroppervlak breekt. Zelfs de vogels lijken een pauze te nemen van de hitte, met alleen het geluid van cicaden die de lucht vullen. **Plotseling** wordt de rust verbroken door een luide plons. Een grote **vis** is uit het water gesprongen, in een poging een libel te vangen. De vis mist zijn doel en valt met een plons terug in het water. "Wow," denk ik bij mezelf, "dat was een grote vis!." Ik keek om me heen om te zien of iemand anders hem had gezien, maar er was niemand in de buurt. Ik denk dat ik het ze zal moeten vertellen als ik terug ben in het kamp.

De hitte is **drukkend**, waardoor het moeilijk is om te ademen. De lucht is dik en zwaar, als een deken om je heen gewikkeld. De enige verlichting is in het water. Het is koel en verfrissend, als een koud drankje op een warme dag. Ik haal diep adem en duik in het water. De opluchting is onmiddellijk als het koele water me omringt. Ik zwem naar de bodem en dan weer naar de oppervlakte, terwijl ik voel hoe het water mijn lichaam afkoelt. Ik blijf baantjes trekken en geniet van de

saio da água e deito-me na relva, deixando o sol secar o meu corpo. Fecho os olhos e deixo-me adormecer, o som das **cigarras** a embalar-me num sono profundo. Deixo o sol cozer a água da minha pele. Posso sentir a minha pele a ficar vermelha, mas não me importo. Estou demasiado quente para me preocupar. A próxima coisa que sei é que o sol está a pôr-se. O céu é uma bela laranja, com listras de rosa e roxo. O calor desapareceu, substituído por uma **brisa** fresca.

Levanto-me e volto a vestir-me, sentindo-me refrescado e rejuvenescado. **Respiro** fundo o ar fresco e sorrio. Sinto-me bem por estar vivo. Volto a pé para o acampamento, admirando a forma como as cores dançam no céu. Vejo a fogueira a arder ao longe, e sinto o cheiro do fumo no ar. Sorrio e **acelero** o meu ritmo. Estou pronto para relaxar e apreciar o resto da minha noite. Entro no parque de campismo e vejo que todos estão reunidos à volta da fogueira. Estão a **rir** e a brincar, e consigo ver a fogueira a reflectir-se nos seus olhos. Sorrio e sento-me ao lado dos meus amigos. É bom estar de volta. Na manhã seguinte, acordo cedo e começo a arrumar as minhas coisas. Estou ansioso por voltar ao trilho e continuar a minha viagem. Digo adeus aos meus amigos e começo a afastar-me. Ao caminhar, dou uma última vista de olhos ao **acampamento**. Vejo o fogo ainda a arder à distância, e sinto o cheiro do fumo no ar.

afkoeling van de hitte. Na een tijdje kom ik uit het water en ga op het gras liggen, zodat de zon mijn lichaam kan drogen. Ik sluit mijn ogen en val in slaap, het geluid van de **cicaden** brengt me in een diepe slaap. Ik laat de zon het water uit mijn huid bakken. Ik voel dat mijn huid rood wordt, maar dat kan me niet schelen. Ik heb het te warm om me zorgen te maken. Het volgende dat ik weet, is dat de zon ondergaat. De lucht is prachtig oranje, met roze en paarse strepen. De hitte is weg, vervangen door een koel **briesje**.

Ik sta op en trek mijn kleren weer aan. Ik voel me verfrist en verjongd. Ik haal diep **adem** uit de koele lucht en glimlach. Het voelt goed om te leven. Ik loop terug naar de camping en bewonder de manier waarop de kleuren in de lucht dansen. In de verte zie ik het kampvuur branden, en ik ruik de rook in de lucht. Ik glimlach en **versnel** mijn pas. Ik ben klaar om te ontspannen en te genieten van de rest van mijn avond. Ik loop de camping op en zie dat iedereen rond het vuur zit. Ze **lachen** en maken grapjes, en ik kan het vuur in hun ogen zien weerkaatsen. Ik glimlach en ga naast mijn vrienden zitten. Het is goed om terug te zijn. De volgende ochtend sta ik vroeg op en begin mijn spullen in te pakken. Ik sta te popelen om weer op pad te gaan en mijn reis voort te zetten. Ik neem afscheid van mijn vrienden en begin weg te lopen. Terwijl ik loop, werp ik nog een laatste blik op de **camping**. In de verte zie ik het vuur nog branden en ik ruik de rook in de lucht.

Questões de compreensão

1. Para onde vai o andarilho?

2. Que tipo de tempo é este?

3. Como é que é a água?

4. Como é que o andarilho reage ao calor?

5. O que é que o peixe está a fazer?

6. Porque é que o andarilho está sozinho?

7. Como é que se sente a água?

8. Como é que o caminhante se sente depois de nadar?

9. Que hora do dia é quando o andarilho acorda?

10. Para onde vai o caminhante quando deixa o acampamento?

Begrip vragen

1. Waar gaat de wandelaar heen?

2. Wat voor weer is het?

3. Hoe ziet het water eruit?

4. Hoe reageert de wandelaar op de hitte?

5. Wat doet de vis?

6. Waarom is de wandelaar alleen?

7. Hoe voelt het water aan?

8. Hoe voelt de wandelaar zich na het zwemmen?

9. Hoe laat is het als de wandelaar wakker wordt?

10. Waar gaat de wandelaar heen als hij het kamp verlaat?

A Casa

Mudei-me para a minha nova casa na semana passada, e estou tão **entusiasmado**! É muito maior do que a minha antiga, e tem um grande quintal. Mal posso esperar para receber os meus amigos para churrascos e festas. A minha parte **favorita** é o meu novo quarto. É tão grande e brilhante, e eu tenho muito espaço para colocar todas as minhas coisas. Estou realmente feliz com a minha nova casa e penso que serei muito feliz aqui. Decidi explorar a casa um pouco mais. Subi para o segundo andar e comecei a abrir caminho para a cozinha quando vi uma grande aranha negra na parede! Gritei e desci as escadas a correr. Fiquei tão **assustado**! Mas passados alguns minutos, acalmei-me e decidi voltar ao andar de cima. Fui lentamente para a cozinha e vi que a aranha tinha desaparecido. Fiquei tão aliviada! Voltei lá para baixo e decidi ir lá para fora explorar o **quintal**. Era tão grande! Não pude acreditar. Vi um baloiço no canto e um escorrega. Vi também uma rede de basquetebol e um **trampolim**. Estava tão entusiasmado!

Mal posso esperar para usar todo este novo material. Os **vizinhos** apareceram e apresentaram-se. Pareciam muito simpáticos, e falámos durante algum tempo. Eles convidaram-me para o seu churrasco no próximo fim-de-semana, e eu disse que adoraria ir. Tive uma

Het Huis

Ik ben vorige week in mijn nieuwe huis getrokken, en ik ben zo **opgewonden**! Het is zoveel groter dan mijn oude, en het heeft een grote achtertuin. Ik kan niet wachten om vrienden uit te nodigen voor BBQ's en feestjes. Mijn **favoriete** deel is mijn nieuwe slaapkamer. Hij is zo groot en licht, en ik heb veel ruimte om al mijn spullen op te bergen. Ik ben echt blij met mijn nieuwe huis en ik denk dat ik hier heel gelukkig zal zijn. Ik besloot om het huis nog wat verder te verkennen. Ik ging naar boven naar de tweede verdieping en ging op weg naar de keuken toen ik een grote zwarte spin op de muur zag! Ik gilde en rende naar beneden. Ik was zo **bang**! Maar na een paar minuten was ik gekalmeerd en besloot ik terug naar boven te gaan. Ik ging langzaam naar de keuken en zag dat de spin weg was. Ik was zo opgelucht! Ik ging terug naar beneden en besloot naar buiten te gaan om de **achtertuin te verkennen**. Hij was zo groot! Ik kon het niet geloven. Ik zag een schommel in de hoek en een glijbaan. Ik zag ook een basketbalnet en een **trampoline**. Ik was zo opgewonden!

Ik kan niet wachten om al deze nieuwe spullen te gebruiken. De **buren** kwamen langs en stelden zich voor. Ze leken erg aardig, en we hebben een tijdje gepraat. Ze nodigden me uit voor hun BBQ volgend weekend, en ik zei dat ik graag zou komen. Ik had een

óptima primeira semana na minha nova casa, e estou entusiasmado com todas as novas aventuras que se avizinham. Hoje, vou explorar novamente no quintal e ver o que mais posso encontrar. Quem sabe, talvez até encontre algum **tesouro**. Mal posso esperar para ver o que a próxima semana traz! Na semana seguinte, fui explorar no quintal outra vez, e encontrei um jardim **secreto.** Era tão bonito! Havia flores por todo o lado e um pequeno lago com peixes dentro. Também vi um baloiço que nunca tinha visto antes. Estava tão entusiasmado por encontrar este jardim secreto, e mal posso esperar para o explorar mais. Era tão **bonito!**

Havia flores por todo o lado e um pequeno lago com peixes dentro. Também vi um conjunto de **baloiço** que nunca tinha visto antes. Estava tão entusiasmado por encontrar este jardim secreto, e mal posso esperar para o explorar mais. Também adorei o meu novo quarto. Era tão grande e brilhante, e já havia cartazes das minhas bandas favoritas nas paredes. Nem sequer tive de trazer nenhum dos meus próprios **móveis** porque já havia aqui uma cama, uma cómoda e uma secretária. Este vai ser o melhor ano de sempre! Estava um pouco nervoso por começar numa nova **escola**, mas todos os meus novos vizinhos têm sido tão simpáticos. Até conheci uma rapariga que vive aqui ao lado, e ela diz que vai comigo para a escola no meu primeiro dia.

geweldige eerste week in mijn nieuwe huis, en ik ben opgewonden over alle nieuwe avonturen die in het verschiet liggen. Vandaag ga ik weer op verkenning in de achtertuin en kijken wat ik nog meer kan vinden. Wie weet, misschien vind ik wel een **schat**. Ik kan niet wachten om te zien wat de volgende week brengt!
De volgende week ging ik weer op verkenning in de achtertuin, en ik vond een **geheime** tuin. Het was zo mooi! Er waren overal bloemen en een kleine vijver met vissen erin. Ik zag ook een schommel die ik nog niet eerder had gezien. Ik was zo opgewonden toen ik deze geheime tuin vond, en ik kan niet wachten om hem verder te verkennen. Het was zo **mooi**!

Er waren overal bloemen en een kleine vijver met vissen erin. Ik zag ook een **schommel** die ik nog niet eerder had gezien. Ik was zo opgewonden toen ik deze geheime tuin vond, en ik kan niet wachten om hem verder te verkennen. Ik vond mijn nieuwe kamer ook geweldig. Hij was zo groot en licht, en er hingen al posters van mijn favoriete bands aan de muur. Ik hoefde niet eens mijn eigen **meubels** mee te nemen, want er stonden al een bed, een dressoir en een bureau. Dit wordt het beste jaar ooit! Ik was een beetje nerveus om op een nieuwe **school** te beginnen, maar al mijn nieuwe buren zijn zo vriendelijk. Ik heb zelfs een meisje ontmoet dat naast me woont, en ze zegt dat ze op mijn eerste dag met me naar school zal lopen.

Questões de compreensão

1. Onde vive a pessoa?

2. Como é que a pessoa gosta na casa nova?

3. Qual é a parte favorita da pessoa na nova casa?

4. O que é que a pessoa encontrou no jardim?

5. Quem são os vizinhos?

6. Como se sentiram os primeiros dias da pessoa na nova casa?

7. Qual é a parte favorita da pessoa na nova sala?

8. O que é que a pessoa planeia fazer amanhã?

9. Qual foi a melhor parte da primeira semana da pessoa na nova casa?

10. O que é tudo no novo quarto da pessoa?

Begrip vragen

1. Waar woont de persoon?

2. Hoe vindt de persoon het in het nieuwe huis?

3. Wat is het favoriete deel van het nieuwe huis van de persoon?

4. Wat heeft de persoon in de tuin gevonden?

5. Wie zijn de buren?

6. Hoe voelde de persoon zich de eerste dagen in het nieuwe huis?

7. Wat is het favoriete deel van de nieuwe kamer van de persoon?

8. Wat is de persoon van plan morgen te doen?

9. Wat was het beste deel van de eerste week van de persoon in het nieuwe huis?

10. Wat is er allemaal in de nieuwe kamer van de persoon?

No comboio

Corri para a estação de comboios, mas cheguei
demasiado tarde. O comboio já tinha partido sem mim.
Senti-me tão **zangado** e **desapontado** comigo mesmo.
Tinha planeado apanhar o comboio para visitar os
meus avós que vivem no campo, mas agora teria de
esperar uma hora inteira pelo próximo comboio. Em
vez disso, decidi passear pela cidade durante algum
tempo e tentei esquecer a minha oportunidade perdida.
Enquanto caminhava, comecei a **sonhar acordado**
sobre todos os lugares que os **comboios** vos podem
levar. De repente, já não estava tão aborrecido. Voltei
para a estação e não pude deixar de reparar na grande
locomotiva vermelha, branca e azul que se aproximava
de mim. Só quando vejo o **maquinista a** acenar-me
da janela é que percebo que este comboio é para
mim. Embarco no comboio e encontro o meu lugar,
instalando-me para o que promete ser uma longa
viagem.

Quando saímos da estação, não posso deixar de me
perguntar para onde este comboio me levará. Através
de **campos** de verde e sobre rios azuis, passando
também por montanhas e vales, não há como saber
para onde este velho comboio irá. À medida que
a noite começa a cair, vou à deriva para um sono

In de trein

Ik rende naar het treinstation, maar ik was te laat. De trein was al vertrokken zonder mij. Ik voelde me zo **boos** en **teleurgesteld** in mezelf. Ik was van plan om met de trein naar mijn grootouders te gaan die op het platteland wonen, maar nu moest ik een heel uur wachten op de volgende trein. Ik besloot in plaats daarvan een eindje door de stad te lopen en probeerde mijn gemiste kans te vergeten. Terwijl ik liep, begon ik **te dagdromen** over alle plaatsen waar **treinen** je kunnen brengen. Plotseling was ik niet meer zo van streek. Ik liep terug naar het station en zag de grote rood-wit-blauwe locomotief die op me af kwam rijden. Pas als ik de **conducteur** vanuit het raam naar me zie zwaaien, realiseer ik me dat deze trein voor mij is. Ik stap in de trein en zoek een zitplaats. Ik ga zitten voor wat een lange reis belooft te worden.

Terwijl we het station uitrijden, vraag ik me af waar deze trein me heen zal brengen. Door groene **velden** en over blauwe rivieren, langs bergen en valleien, het is niet te zeggen waar deze oude trein heen zal gaan. Als de nacht begint te vallen, drijf ik weg in een **vredige** slaap, gewiegd door de **ritmische** beweging van de wagons op de sporen beneden. Als het weer ochtend wordt, open ik mijn ogen en zie dat we in een klein stadje

tranquilo, embalado pelo movimento **rítmico** dos vagões nos carris abaixo. Quando a manhã volta, abro os olhos para descobrir que chegámos a uma pequena cidade, algures no meio do nada. O sol está apenas a espreitar o horizonte à medida que os habitantes locais começam a moer na Rua Principal; parece que em qualquer outro dia aqui, excepto numa coisa - há uma grande placa afixada perto da Câmara Municipal que diz "Bem-vindo a bordo! Parece que esta pequena cidade tem estado à nossa espera, apesar de sermos apenas um comboio comum de **passageiros** que passa no nosso caminho para outro lado. Ao deixarmos a cidade para trás, mais uma vez, a remexer em direcção a quem sabe onde será o próximo, sorrio a todas as carinhas amigas acenando adeus daquelas casinhas aninhadas no meio **da quinta -** é realmente espantoso como algo tão aparentemente vulgar pode trazer tanta alegria simplesmente ao passar por aqui. E depois, é claro, há as **crianças**.

Inclino-me para fora da janela da minha locomotiva. Fazem-me sempre sentir tão feliz com os seus olhos brilhantes e os seus grandes sorrisos. Acenei-lhes com energia antes de regressar à minha **cabina** e de me sentar. Já foi um longo dia, mas ainda não acabou; ainda faltam algumas horas para chegarmos ao nosso **destino** final. Puxo o meu livro e começo a ler, deixando que o embalar rítmico do comboio me acalme num estado de paz.

ergens in niemandsland zijn aangekomen. De zon komt net boven de horizon als de plaatselijke bevolking zich in de hoofdstraat begint te mengen; het ziet er hier uit als elke andere dag, behalve één ding - er hangt een groot bord bij het stadhuis met de tekst "Welkom aan boord!" Het lijkt erop dat dit stadje ons verwacht, ook al zijn we maar een gewone passagierstrein op doorreis naar elders. Terwijl we de stad weer achter ons laten, op weg naar wie weet waar, glimlach ik om al die vriendelijke gezichten die ons uitzwaaien vanuit die kleine huisjes tussen **het boerenland -** het is echt verbazingwekkend hoe iets dat zo gewoon lijkt, zoveel vreugde kan brengen door er gewoon langs te rijden. En dan, natuurlijk, zijn er de **kinderen**.

Ik leun uit het raam van mijn locomotief. Ze maken me altijd zo blij met hun stralende ogen en grote grijnzen. Ik zwaai energiek naar ze terug voordat ik terugga naar mijn **cabine** en ga zitten. Het was al een lange dag, maar hij is nog niet voorbij; het duurt nog een paar uur voordat we onze **eindbestemming** bereiken. Ik pak mijn boek en begin te lezen, terwijl het ritmische schommelen van de trein me in een vredige toestand brengt.

Questões de compreensão

1. Para onde vai o comboio?

2. Quem viaja no comboio?

3. Quando parte o comboio?

4. Como é que o protagonista entra no comboio?

5. De onde vem o comboio?

6. Para onde vai o comboio a seguir?

7. Quando chegaram os passageiros?

8. Como é que o protagonista se sente quando perde o comboio?

9. Como é que o maquinista do comboio reage quando vê o protagonista?

10. Porque é que o protagonista gosta de comboios?

Begrip vragen

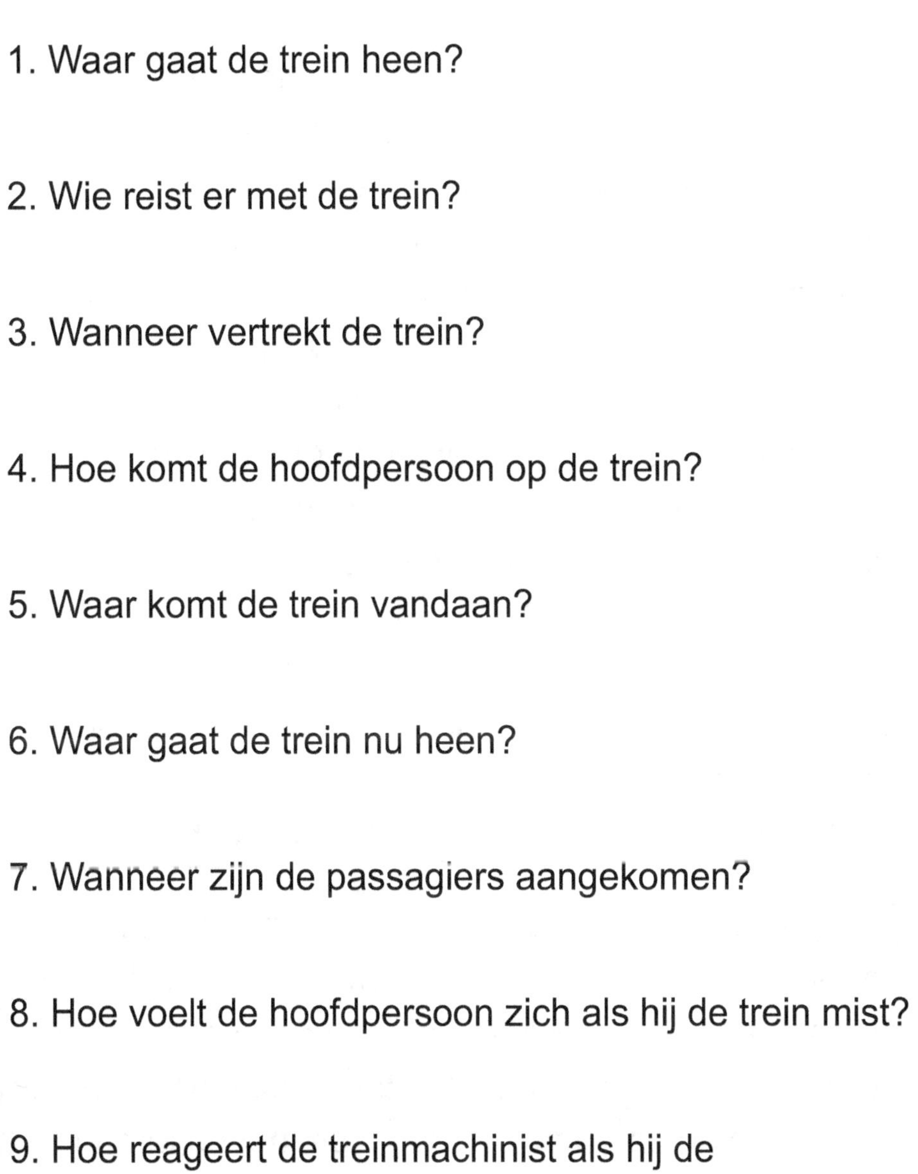

1. Waar gaat de trein heen?

2. Wie reist er met de trein?

3. Wanneer vertrekt de trein?

4. Hoe komt de hoofdpersoon op de trein?

5. Waar komt de trein vandaan?

6. Waar gaat de trein nu heen?

7. Wanneer zijn de passagiers aangekomen?

8. Hoe voelt de hoofdpersoon zich als hij de trein mist?

9. Hoe reageert de treinmachinist als hij de hoofdpersoon ziet?

10. Waarom houdt de hoofdpersoon van treinen?

Jantar de Culinária

São agora 17 horas e estou a caminho de casa do trabalho. Estou **ansioso** por ter uma noite calma em casa com o meu parceiro. Vamos cozinhar o jantar juntos e depois relaxar durante o resto da noite. É bom saber que não tenho quaisquer planos ou obrigações esta **noite**. Chego a casa e o meu parceiro já está na cozinha, a começar a preparar o nosso jantar. O cheiro aqui dentro é **incrível**! Conversamos enquanto cozinhamos, conversando sobre os dias um do outro e partilhando pequenas histórias da nossa vida profissional. A cozinha é o meu quarto preferido no nosso apartamento. Adoro cozinhar, e adoro especialmente cozinhar com o meu parceiro. Sempre nos divertimos tanto aqui, rindo e brincando enquanto cozinhamos uma tempestade. Além disso, a comida é sempre **incrível** quando trabalhamos **em conjunto**.

Esta noite, estamos a fazer uma das minhas receitas favoritas de todos os tempos: Parmesão de **galinha. O** meu parceiro começa por fazer o frango enquanto eu fico com o molho a ferver no **fogão**. Trabalhamos juntos como uma máquina bem oleada, e em pouco tempo, o jantar está pronto a servir. Sentamo-nos à nossa pequena mesa de cozinha com **pratos** bem servidos com parmesão de galinha, massa e salada. Batemos

Diner koken

Het is nu 5 uur 's middags en ik loop van mijn werk naar huis. Ik kijk **uit** naar een rustige avond thuis met mijn partner. We zullen samen eten koken en dan de rest van de avond ontspannen. Het voelt goed om te weten dat ik deze **avond** geen plannen of verplichtingen heb. Ik kom thuis en mijn partner is al in de keuken om ons eten klaar te maken. Het ruikt hier geweldig! We kletsen terwijl we koken, praten bij over elkaars dagen en delen kleine verhalen uit ons werkleven. De keuken is mijn favoriete kamer in ons appartement. Ik hou van koken, en vooral van koken met mijn partner. We hebben het hier altijd zo gezellig, we lachen en maken grapjes terwijl we koken. En het eten is altijd **heerlijk** als we **samenwerken**.

Vanavond maken we een van m'n lievelingsrecepten: Parmezaanse kip. Mijn partner begint met het paneren van de kip, terwijl ik de saus op het **fornuis** laat pruttelen. We werken samen als een goed geoliede machine en al snel is het eten klaar om op te dienen. We gaan aan onze kleine keukentafel zitten met **borden** vol met Parmezaanse kip, pasta en salade. We klinken op de glazen en nemen onze eerste hap, en het is **hemels**! De kip is knapperig van buiten maar sappig van binnen; de saus is smaakvol en perfect;

os copos e damos a nossa primeira dentada - e é **celestial**! O frango é estaladiço por fora mas suculento por dentro; o molho é saboroso e perfeito; a massa é cozinhada al dente... tudo tem um sabor absolutamente perfeito esta noite. Ambos sabemos que esta foi uma daquelas noites em que tudo se juntou na perfeição enquanto **saboreávamos** até à última dentada da nossa deliciosa refeição. Sabia ainda melhor do que cheirava - o que era bastante bom! Terminamos a nossa refeição relativamente depressa, pois nenhum de nós está particularmente esfomeado hoje em dia, mas demoramos o nosso tempo a saborear mais uns **copos** de vinho enquanto conversamos levemente sobre este e aquele tópico. Depois do jantar, limpamos rapidamente juntos e depois mudamo-nos para a sala de estar, onde passamos algum tempo **a abraçar-nos** no sofá enquanto vemos televisão.

É tão agradável estar perto um do outro depois de um longo dia de **trabalho** separado. Sinto-me contente. Apesar de não termos tido uma noite agitada, foi agradável passar algum tempo juntos sem ter de sair de casa. Vimos um filme e fomos para a cama cedo, sentindo-nos **satisfeitos** com a nossa simples noite dentro. Isto tornou-se uma das nossas coisas **preferidas** nas noites em que não queremos sair - apenas relaxar em casa e desfrutar da companhia um do outro em vez de uma refeição caseira.

de pasta is al dente gekookt... alles smaakt absoluut perfect vanavond. We weten allebei dat dit een van die avonden was waarop alles perfect samenkwam en we **genieten van** elke laatste hap van onze heerlijke maaltijd. Het smaakte nog beter dan het rook, en dat was verdomd goed! We eten relatief snel, omdat geen van ons beiden vandaag honger heeft, maar we nemen de tijd om nog een paar **glazen** wijn te drinken terwijl we luchtig kletsen over van alles en nog wat. Na het eten ruimen we snel samen op en gaan dan naar de woonkamer, waar we een poosje **knuffelen** op de bank terwijl we TV kijken.

Het voelt zo fijn om dicht bij elkaar te zijn na een lange dag apart **werken**. Ik voel me voldaan. Ook al hadden we geen avond vol belevenissen, het was fijn om gewoon wat tijd met elkaar door te brengen zonder het huis uit te hoeven. We keken een film en gingen vroeg naar bed, met een **voldaan** gevoel over onze eenvoudige avond. Dit is een van onze **favoriete** dingen geworden om te doen op avonden dat we niet uit willen gaan - gewoon thuis ontspannen en genieten van elkaars gezelschap tijdens een zelfgekookte maaltijd.

Questões de compreensão

1. De onde vem o narrador?

2. O que é que o narrador faz depois do trabalho?

3. O que é que o narrador come ao jantar?

4. Porque é que o narrador gosta da cozinha?

5. Que tipo de prato é que o casal cozinha?

6. Como é que o narrador se sente no final da noite?

7. Qual é a coisa favorita do casal?

8. O que é que o casal faz quando se cansa?

9. Onde é que dormem?

10. Porque é que o narrador gosta de ficar em casa?

Begrip vragen

1. Waar komt de verteller vandaan?

2. Wat doet de verteller na het werk?

3. Wat eet de verteller als avondeten?

4. Waarom houdt de verteller van de keuken?

5. Wat voor gerecht kookt het stel?

6. Hoe voelt de verteller zich aan het eind van de avond?

7. Wat is het favoriete ding van het koppel om te doen?

8. Wat doet het stel als ze moe worden?

9. Waar slapen ze?

10. Waarom blijft de verteller graag thuis?

Caminhando para casa

Foi uma noite **tranquila** quando regressava a casa a pé do trabalho. Enquanto caminhava, não pude deixar de sorrir para as memórias. Senti-me bem por estar de volta ao meu antigo bairro. Acenei a algumas pessoas que conhecia, e elas acenaram de volta. Era bom estar em casa. Passei pela minha antiga escola e **lembrei-me de** todos os bons momentos que tive com os meus amigos. Íamos sempre a pé para casa juntos e falávamos do nosso dia. **Por vezes** parávamos para comer um gelado ou íamos para o parque. Esses eram os melhores tempos. Sentia saudades desses tempos. Mas agora tenho a minha própria família e estou feliz com a minha vida. Estou feliz por poder olhar para trás e sorrir. Fazem parte da minha vida que sempre acarinharei. Esses foram os melhores tempos. Tenho saudades desses tempos. Mas agora tenho a minha própria família e estou feliz com a minha vida. Estou feliz por poder olhar para trás e sorrir. Fazem parte da minha vida que sempre acarinharei.

Continuo a caminhar, pensando nos bons momentos que tive com os meus amigos. Sei que os verei novamente em breve. Dirijo-me para a minha casa e decido caminhar por um parque próximo. O sol está

Walking Home

Het was een **rustige** avond toen ik van mijn werk naar huis liep. Terwijl ik liep, kon ik niet anders dan glimlachen bij de herinneringen. Het voelde goed om terug in mijn oude buurt te zijn. Ik zwaaide naar een paar mensen die ik kende, en zij zwaaiden terug. Het was goed om thuis te zijn. Ik liep langs mijn oude school en **herinnerde me** alle leuke tijden die ik had met mijn vrienden. We liepen altijd samen naar huis en praatten over onze dag. **Soms** stopten we om een ijsje te halen of gingen we naar het park. Dat waren de beste tijden. Ik mis die tijden. Maar nu heb ik mijn eigen familie en ik ben blij met mijn leven. Ik ben blij dat ik op die herinneringen kan terugkijken en glimlachen. Ze zijn een deel van mijn leven dat ik altijd zal koesteren. Dat waren de beste tijden. Ik mis die tijden. Maar nu heb ik mijn eigen familie en ben ik gelukkig met mijn leven. Ik ben blij dat ik kan terugkijken op die **herinneringen** en kan glimlachen. Ze zijn een deel van mijn leven dat ik altijd zal koesteren.

Ik blijf lopen, denkend aan de goede tijden die ik had met mijn vrienden. Ik weet dat ik ze snel weer zal zien. Ik ga richting mijn huis en besluit door een park in de buurt te lopen. De zon gaat onder en de lucht

a pôr-se e o céu está a ficar de uma **bela** cor laranja. O parque está vazio, excepto por alguns pássaros a chilrear nas árvores. **Respiro** fundo e sorrio. À medida que caminho pelo parque, vejo uma estrela cadente a atravessar o céu. Fiz um desejo sobre essa estrela, e continuei a caminhar. Penso no meu dia de trabalho e em como foi **tranquilo.** Sorrio para mim próprio, pensando na sorte que tenho em ter um trabalho tão bom. Caminho para casa, **sentindo** o ar fresco da noite na minha pele. Sinto-me tão vivo e feliz, apenas a desfrutar do simples acto de caminhar para casa numa noite tranquila. Senti-me tão bem, que comecei a **assobiar**. Passei por algumas pessoas na rua, mas todos eles estavam a cuidar dos seus próprios assuntos.

Virei a esquina para a minha rua e vi o gato do meu vizinho, o Sr. Whiskers, sentado no meu alpendre. Cumprimentei-o e ele miau de volta. **Destranquei a** minha porta e fui para dentro. Estava tão feliz por estar em casa. Tirei os meus sapatos e preparei-me para dormir. Fui para a cama nessa noite, sentindo-me feliz e grato, o meu coração cheio de amor. Dormi profundamente durante a noite, sem me preocupar com nada. Acordei de um sono descansado e fui **saudado** pelo sol a brilhar pela minha janela. Saí da cama e estiquei-me, respirando fundo e sentindo o ar fresco a encher-me os pulmões.

kleurt **prachtig** oranje. Het park is leeg, behalve een paar vogels die in de bomen tjilpen. Ik haal diep **adem** en glimlach. Terwijl ik door het park loop, zie ik een vallende ster door de lucht scheren. Ik doe een wens op die ster, en loop verder. Ik denk aan mijn dag op het werk en hoe **vredig** het was. Ik glimlach in mezelf, denkend aan hoe gelukkig ik ben dat ik zo'n geweldige baan heb. Ik loop naar huis en **voel** de koele nachtlucht op mijn huid. Ik voel me zo levendig en gelukkig, gewoon genietend van de eenvoudige handeling van het naar huis lopen op een vredige avond. Ik voelde me zo goed, dat ik begon te **fluiten**. Ik liep langs een paar mensen op straat, maar ze bemoeiden zich allemaal met hun eigen zaken.

Ik draaide de hoek van mijn straat om en zag de kat van mijn buren, Mr. Whiskers, op mijn veranda zitten. Ik zei hem gedag en hij miauwde terug. Ik **deed** mijn deur **van het slot** en ging naar binnen. Ik was zo blij om thuis te zijn. Ik trok mijn schoenen uit en maakte me klaar om naar bed te gaan. Ik ging die avond naar bed met een blij en dankbaar gevoel, mijn hart vol liefde. Ik sliep de hele nacht rustig door, zonder me ergens zorgen over te maken. Ik werd wakker uit een rustgevende slaap en werd **begroet** door de zon die door mijn raam naar binnen scheen. Ik stapte uit bed en rekte me uit, haalde diep adem en voelde hoe de koele lucht mijn longen vulde.

Questões de compreensão

1. O que estava o protagonista a fazer quando a história começou?

2. Em que pensava o protagonista quando regressava a casa?

3. O que fazia o protagonista com os amigos depois das aulas?

4. O que é que o protagonista sente a falta desses tempos?

5. O que pensa o protagonista sobre a sua vida actual?

6. O que é que o protagonista faz quando vê uma estrela cadente?

7. Como é que o protagonista se sente quando caminha para casa?

8. O que é que o protagonista faz quando chega a casa?

9. Como é que o protagonista se sente quando acorda na manhã seguinte?

10. O que é que o protagonista faz no dia seguinte?

Begrip vragen

1. Wat was de hoofdpersoon aan het doen toen het verhaal begon?

2. Waar dacht de hoofdpersoon aan toen hij naar huis liep?

3. Wat deed de hoofdpersoon vroeger met vrienden na school?

4. Wat mist de hoofdpersoon van die tijd?

5. Wat vindt de hoofdpersoon van zijn huidige leven?

6. Wat doet de hoofdpersoon als hij een vallende ster ziet?

7. Hoe voelt de hoofdpersoon zich als ze naar huis lopen?

8. Wat doet de hoofdpersoon als ze thuiskomen?

9. Hoe voelt de hoofdpersoon zich als hij de volgende ochtend wakker wordt?

10. Wat doet de hoofdpersoon de volgende dag?

O castelo

A família sempre quis visitar um velho castelo na **Alemanha**, e finalmente fizeram a viagem. Não ficaram **desapontados**. O castelo era bonito, e eles gostaram de explorar os seus muitos quartos e corredores. A primeira coisa que os atingiu foi o cheiro. Encontraram **bolor**, humidade, e outra coisa em que não conseguiam pôr o dedo. A segunda coisa era o som. As paredes de pedra são grossas, mas não matam completamente o som. Ouviram cada passo, cada palavra pronunciada com uma voz normal, e o gotejar ocasional de água **algures** ao longe. À medida que os seus olhos se ajustaram à luz fraca, viram paredes de pedra maciças a surgir à sua volta, tapeçarias penduradas nelas em farrapos **esfarrapados.** Estavam de pé num enorme salão com um tecto alto sustentado por pilares esculpidos. Também adoraram as vistas das torres, e as crianças divertiram-se imenso a correr à volta do terreno. O **sol** tinha começado a pôr-se quando acabaram de explorar o castelo, e lamentaram não terem trazido uma **lanterna.** Decidiram regressar à entrada, mas depressa se viram perdidos. Vaguearam durante o que lhes pareceu horas, até que finalmente se depararam com uma porta que conduzia para fora. Continuaram até **chegar** ao fim do corredor e chegaram a um conjunto imponente de

Het kasteel

De familie had altijd al eens een oud kasteel in **Duitsland** willen bezoeken, en eindelijk hebben ze de reis gemaakt. Ze werden niet **teleurgesteld**. Het kasteel was prachtig, en ze genoten van het verkennen van de vele kamers en gangen. Het eerste wat hen trof was de geur. Ze vonden **schimmel**, vochtigheid, en iets anders waar ze hun vinger niet op konden leggen. Het tweede was het geluid. Stenen muren zijn dik, maar ze dempen het geluid niet volledig. Ze hoorden elke voetstap, elk woord dat met een normale stem werd gesproken, en af en toe een druppeltje water **ergens** in de verte. Toen hun ogen zich aanpasten aan het zwakke licht, zagen zij overal om hen heen massieve stenen muren opdoemen, waaraan wandtapijten in flarden hingen. Ze stonden in een enorme hal met een hoog plafond, ondersteund door gebeeldhouwde pilaren. Ze hielden ook van het uitzicht vanaf de torentjes, en de kinderen vermaakten zich met rondrennen over het terrein. De **zon** begon al onder te gaan tegen de tijd dat ze klaar waren met het verkennen van het kasteel, en ze betreurden het dat ze geen **zaklamp** hadden meegenomen. Ze besloten om terug te gaan naar de ingang, maar al snel waren ze verdwaald. Ze dwaalden urenlang rond, tot ze eindelijk een deur tegenkwamen die naar buiten

portas duplas. Por mais que tentassem, as portas não cediam. Balançam **sinistramente**, mas não se movem um centímetro. Parecia que quem esteve aqui antes devia ter passado por aqui e trancou-as por dentro. Eventualmente, eles encontram uma saída. O alívio passou por cima deles quando saíram para o ar fresco da noite.

O sol tinha começado a pôr-se, e **lamentaram** não terem trazido uma lanterna. Decidiram regressar à entrada, mas depressa se viram perdidos. Vaguearam durante o que lhes pareceu horas, até que finalmente se depararam com uma porta que conduzia para **fora**. O alívio passou por cima deles quando saíram para o ar fresco da noite. Na noite seguinte, certificaram-se de levar consigo uma lanterna enquanto exploravam o resto do castelo. Caminharam através do **pátio** e desceram até ao rio que corria atrás das muralhas do **castelo.** Enquanto caminhavam, começaram a ouvir ruídos estranhos. Parecia que alguém os estava a seguir. Aceleraram o seu ritmo, mas os ruídos tornaram-se mais altos e mais próximos. A família correu de volta ao castelo o mais depressa que pôde, e ficaram aliviados ao ver que a figura do manto **escuro** não os tinha seguido.

leidde. Ze liepen door tot ze **aan het** eind van de gang kwamen bij een imposant stel dubbele deuren. Hoe ze ook probeerden, de deuren wilden niet bewegen. Ze rammelden **onheilspellend**, maar bewogen geen centimeter. Het leek erop dat degene die hier eerder was, hier doorheen was gegaan en ze van binnenuit had afgesloten. Uiteindelijk vinden ze een uitweg. Opluchting overspoelde hen toen ze naar buiten stapten in de koele nachtlucht.

De zon begon onder te gaan en zij **betreurden het** dat zij geen zaklamp hadden meegenomen. Ze besloten terug te gaan naar de ingang, maar al gauw waren ze verdwaald. Ze dwaalden urenlang rond, tot ze eindelijk een deur tegenkwamen die **naar buiten** leidde. Opluchting overviel hen toen ze naar buiten stapten in de koele nachtlucht. De volgende avond namen ze een zaklamp mee om de rest van het kasteel te verkennen. Ze liepen over de **binnenplaats** en naar de rivier die achter de kasteelmuren stroomde. Terwijl ze rondliepen, begonnen ze vreemde geluiden te horen. Het klonk alsof iemand hen volgde. Ze versnelden hun pas, maar de geluiden werden luider en dichterbij. De familie rende zo snel als ze konden terug naar het kasteel, en ze waren opgelucht toen ze zagen dat de figuur in de **donkere** mantel hen niet was gevolgd.

Questões de compreensão

1. O que é que a família fez quando se perdeu no castelo?

2. Como se sentiu a família quando souberam que era apenas um homem local?

3. O que fez o homem que o levou a ser preso?

4. Qual foi a sentença para o homem?

5. Que barulho ouviu a família enquanto caminhava?

6. Onde estava a figura com o manto escuro quando a família o viu?

7. O que fez a família quando voltou para o seu quarto?

8. Quando é que a família foi explorar novamente o castelo?

9. Em que é que a família não conseguia pôr o dedo na ferida?

10. O que fez a família antes de voltar a explorar o castelo?

Begrip vragen

1. Wat deed de familie toen ze verdwaald waren in het kasteel?

2. Hoe voelde de familie zich toen ze erachter kwamen dat het gewoon een lokale man was?

3. Wat heeft de man gedaan waardoor hij gearresteerd is?

4. Wat was de straf voor de man?

5. Welk geluid hoorde de familie tijdens de wandeling?

6. Waar was de figuur in de donkere mantel toen de familie hem zag?

7. Wat deed de familie toen ze terugkwamen in hun kamer?

8. Wanneer ging de familie het kasteel weer verkennen?

9. Wat was het ding waar de familie hun vinger niet op konden leggen?

10. Wat deed de familie voordat ze weer op verkenning gingen in het kasteel?

O Meu Jardim

O meu jardim é o meu lugar feliz. Vou lá todos os dias, chover ou brilhar, e passo tempo a cuidar das minhas plantas. Tenho um pouco de **tudo - vegetais**, frutos, flores, ervas. Tenho até algumas galinhas que ajudam a manter as pragas à distância. Começo os meus dias no jardim, recolhendo ovos das galinhas. Depois verifico os meus vegetais, certificando-me de que estão a receber água e sol suficientes. Colho os canteiros e apanho quaisquer insectos que possam estar **a atacar** as plantas. Depois de **tudo estar tratado**, sento-me e desfruto da paz e sossego da natureza.

Sempre adorei passar tempo no meu jardim. Há algo em estar rodeado pela natureza e por toda a **beleza que** ela tem para oferecer. Acho que é um lugar muito pacífico e calmante. Muitas vezes passo tempo no meu jardim apenas a relaxar e a apreciar a paisagem. Também gosto de trabalhar no meu jardim e de cultivar coisas. Tenho um jardim de muito bom tamanho, e gosto de cultivar uma variedade de coisas **diferentes** no mesmo. Cultivo flores, **vegetais** e ervas aromáticas. Também tenho algumas árvores de fruto que produzem algumas deliciosas maçãs, pêras e ameixas. Para além de cultivar coisas, também gosto de passar tempo apenas a passear pelo meu jardim, **admirando** todas

Mijn tuin

Mijn tuin is mijn geluksplek. Ik ga er elke dag heen, regen of zonneschijn, en besteed tijd aan het verzorgen van mijn planten. Ik heb een beetje van **alles**: **groenten**, fruit, bloemen, kruiden. Ik heb zelfs een paar kippen die helpen het ongedierte op afstand te houden. Ik begin mijn dagen in de tuin met het rapen van eieren bij de kippen. Dan controleer ik mijn groenten en zorg ervoor dat ze genoeg water en zon krijgen. Ik wied de bedden en verwijder insecten die de planten kunnen **aanvallen**. Als **alles** is gedaan, leun ik achterover en geniet van de rust en stilte van de natuur.

Ik heb altijd graag tijd doorgebracht in mijn tuin. Er is iets met het omringd zijn door de natuur en al het **moois** dat zij te bieden heeft. Ik vind het een heel vredige en kalmerende plek. Ik breng vaak tijd door in mijn tuin, gewoon om te ontspannen en te genieten van het landschap. Ik geniet er ook van om in mijn tuin te werken en dingen te kweken. Ik heb een behoorlijk grote tuin, en ik kweek er graag **verschillende** dingen in. Ik kweek bloemen, **groenten** en kruiden. Ik heb ook een paar fruitbomen die heerlijke appels, peren en pruimen voortbrengen. Naast het kweken van dingen, vind ik het ook leuk om gewoon in mijn tuin rond te lopen en de verschillende planten en dieren te

as diferentes plantas e animais que lhe chamam casa. Tenho passado muitas horas ao longo dos anos a trabalhar para tornar o meu **jardim** num local que não só é bonito como também funcional. Gosto de ver os pássaros a voar e de os ouvir cantar. Por vezes até trago um livro e leio no jardim enquanto rodeado por toda a beleza que criei. **A jardinagem** é a minha paixão e traz-me tanta alegria. Todos os dias no meu jardim é um bom dia.

Uma das coisas que adoro fazer é cozinhar, por isso ter um jardim de ervas bem abastecido é muito **importante** para mim. Tomilho, manjericão, orégãos, alecrim, salva, e alfazema são apenas algumas das ervas que gosto de cultivar no meu jardim para poder usá-las ao cozinhar refeições para mim ou para os **hóspedes.** Outra coisa que é importante para mim quando se trata do meu jardim é ter a certeza de que há muita cor em todo ele. Para atingir este objectivo, cultivo uma grande variedade de flores, incluindo **rosas**, lírios, margaridas, tulipas, impacientes, calêndulas, etc. Para além de acrescentar cor com flores, também gosto de acrescentar interesse, utilizando diferentes **texturas** em todo o jardim. Por exemplo, posso plantar samambaias debaixo de girassóis ou hostas **ao lado de** gramíneas ornamentais pontiagudas. Não importa o que mais possa estar a acontecer na vida, trabalhar no meu jardim **consegue** sempre ajudar-me a sentir-me mais ligado à natureza e em paz comigo mesmo.

bewonderen die er wonen. Ik heb in de loop der jaren vele uren besteed om van mijn **tuin** een plek te maken die niet alleen mooi is, maar ook functioneel. Ik kijk graag naar de vogels die rondfladderen en luister naar hun gezang. Soms haal ik zelfs een boek tevoorschijn en lees in de tuin terwijl ik omringd ben door al het moois dat ik heb gecreëerd. **Tuinieren** is mijn passie en het brengt me zoveel vreugde. Elke dag in mijn tuin is een goede dag.

Een van de dingen die ik graag doe is koken, dus een goed gevulde kruidentuin is erg **belangrijk** voor me. Tijm, basilicum, oregano, rozemarijn, salie en lavendel zijn slechts enkele van de kruiden die ik graag in mijn tuin kweek, zodat ik ze kan gebruiken bij het bereiden van maaltijden voor mezelf of voor **gasten**. Wat ik ook belangrijk vind in mijn tuin is dat er veel kleur in zit. Om dit doel te bereiken, kweek ik een grote verscheidenheid aan bloemen, waaronder **rozen**, lelies, madeliefjes, tulpen, impatiens, goudsbloemen, enz. Naast het toevoegen van kleur met bloemen, vind ik het ook leuk om verschillende **texturen te** gebruiken in de tuin. Zo plant ik bijvoorbeeld varens onder torenhoge zonnebloemen of hosta's **naast** stekelige siergrassen. Wat er verder ook aan de hand is in mijn leven, door in mijn tuin **te** werken voel ik me altijd meer verbonden met de natuur en in vrede met mezelf.

Questões de compreensão

1. Onde está o jardim do autor?

2. Quantas galinhas tem o autor?

3. O que faz o autor no jardim todos os dias?

4. Porque é que o autor gosta do jardim?

5. Que ervas plantam o autor no jardim?

6. Porque é importante para o autor que haja muitas cores no seu jardim?

7. Como é que o autor traz variedade ao seu jardim?

8. Como é que o autor se sente quando trabalha no seu jardim?

9. O que faz o autor sentir-se ligado quando está no seu jardim?

10. Porque é que todos os dias no jardim do autor é um bom dia?

Begrip vragen

1. Waar is de tuin van de auteur?

2. Hoeveel kippen heeft de schrijver?

3. Wat doet de schrijver elke dag in de tuin?

4. Waarom houdt de auteur van de tuin?

5. Welke kruiden plant de auteur in de tuin?

6. Waarom is het belangrijk voor de auteur dat er veel kleuren in zijn tuin zijn?

7. Hoe brengt de auteur afwisseling in zijn tuin?

8. Hoe voelt de schrijver zich als hij in zijn tuin werkt?

9. Waardoor voelt de auteur zich verbonden als hij in zijn tuin is?

10. Waarom is elke dag in de tuin van de auteur een goede dag?

Ir às compras

Adoro ir às **compras** no centro comercial. É sempre tão divertido passear e olhar para todas as diferentes lojas. Há algo para todos no centro comercial, e é sempre um óptimo local para encontrar ofertas de roupas, sapatos e acessórios. **Normalmente** começo a minha viagem de compras caminhando pela **entrada** principal do centro comercial. De lá, dirijo-me primeiro às minhas lojas favoritas. Depois de olhar através dessas lojas, vou dar uma volta e ver se há vendas noutros locais. Normalmente acabo por passar algumas horas no centro comercial antes de finalmente fazer as minhas compras. Gosto sempre de me demorar nas compras **porque** quero ter a certeza de que estou a receber **exactamente** o que quero. Além disso, é apenas mais divertido assim!

Acho sempre tão **fascinante** para as pessoas assistir enquanto estou no centro comercial. Pode-se realmente dizer muito sobre uma pessoa pela forma como ela faz compras. Algumas pessoas são muito metódicas e levam o seu tempo, enquanto outras parecem apenas agarrar **o que** podem e dirigir-se para a caixa o mais rápido possível. Há também aqueles compradores que parecem mais interessados em falar ao telemóvel ou enviar mensagens de texto do que

Gaan winkelen

Ik hou ervan om te gaan **winkelen** in het
winkelcentrum. Het is altijd zo leuk om rond te lopen
en naar alle verschillende winkels te kijken. Er is
voor elk wat wils in het winkelcentrum, en het is altijd
een geweldige plek om deals te vinden voor kleren,
schoenen en accessoires. Ik begin mijn shoppingtrip
meestal met een wandeling door de **hoofdingang** van
het winkelcentrum. Van daaruit ga ik eerst naar mijn
favoriete winkels. Na het bekijken van die winkels,
loop ik rond en kijk of er een verkoop gaande is op
andere plaatsen. Meestal ben ik wel een paar uur in het
winkelcentrum voordat ik eindelijk mijn aankopen doe.
Ik neem altijd graag mijn tijd als ik ga winkelen, **want** ik
wil zeker weten dat ik **precies** krijg wat ik wil. Plus, het
is gewoon leuker op die manier!

Ik vind het altijd zo **fascinerend** om mensen te kijken
als ik in het winkelcentrum ben. Je kunt echt veel
over een persoon vertellen door de manier waarop ze
winkelen. Sommige mensen zijn heel methodisch en
nemen hun tijd, terwijl anderen gewoon lijken te grijpen
wat ze kunnen en zo snel mogelijk naar de kassa gaan.
Er zijn ook shoppers die meer geïnteresseerd lijken
te zijn in het praten op hun mobieltje of in sms'en dan
in het bekijken van de koopwaar! Het maakt echter

realmente olhar para qualquer uma das mercadorias! Não importa que tipo de comprador seja, no entanto, todos parecem gostar de comprar à janela - mesmo que não comprem realmente nada. Há apenas algo em olhar para todas as coisas bonitas nas **montras da** loja que me faz feliz. Por vezes fantasio sobre como seria se pudesse pagar **tudo o que** vejo! Em suma, passar um dia a fazer compras no centro comercial é um dos meus passatempos favoritos. É uma óptima maneira de relaxar e descontrair enquanto também faço um pouco de exercício (se andar por aí o suficiente). Além disso, é **sempre** bom tratarmo-nos de vez em quando com uma camisa ou um par de sapatos novos!

Tive um **longo** dia de trabalho e finalmente tive algum tempo para mim, por isso decidi ir às compras no centro comercial. Precisava de algumas roupas novas para a **próxima** estação. Assim que entrei, vi todas as luzes brilhantes e frentes de loja brilhantes. Dirigi-me primeiro à minha loja favorita e comecei a folhear as prateleiras. Encontrei alguns tops giros e experimentei-os no camarim. Enquanto me olhava ao espelho, ouvi alguém a entrar no **camarim** ao lado do meu. Reconheci a sua voz como um dos meus colegas de trabalho. Cumprimentamo-nos e começámos a conversar sobre trabalho. Após alguns minutos, ambos terminámos e seguimos caminhos **separados**, mas depois encontrámo-nos de novo mais tarde.

niet uit wat voor soort shopper je bent, iedereen lijkt te genieten van window shopping - zelfs als je niet echt iets koopt. Er is gewoon iets aan het kijken naar al die mooie dingen in de **etalages** dat me gelukkig maakt. Soms fantaseer ik over hoe het zou zijn als ik me **alles** kon veroorloven wat ik zie! Al met al is een dagje winkelen in het winkelcentrum een van mijn favoriete bezigheden. Het is een geweldige manier om te ontspannen en tot rust te komen, terwijl je ook een beetje beweging krijgt (als je maar genoeg rondloopt). Bovendien is het **altijd** leuk om jezelf af en toe te trakteren op een nieuw shirt of een paar schoenen!

Ik had een **lange** dag op het werk en had eindelijk wat tijd voor mezelf, dus besloot ik te gaan winkelen in het winkelcentrum. Ik had wat nieuwe kleren nodig voor het **komende** seizoen. Zodra ik binnenkwam, zag ik al die felle lichten en glimmende etalages. Ik ging eerst naar mijn favoriete winkel en begon door de rekken te snuffelen. Ik vond een paar leuke topjes en paste ze in de kleedkamer. Terwijl ik mezelf in de spiegel bekeek, hoorde ik iemand de kleedkamer naast de mijne binnenkomen. Ik herkende zijn stem als een van mijn collega's. We zeiden hallo en begonnen te kletsen over het werk. Na een paar minuten waren we allebei klaar en gingen we onze **eigen** weg, maar later kwamen we elkaar weer tegen.

Questões de compreensão

1. Onde gosta mais de armazenar?

2. Qual é a sua loja preferida no centro comercial?

3. Quanto tempo costuma ficar no centro comercial?

4. O que pensa das pessoas que passam muito tempo no centro comercial?

5. Qual é a sua coisa favorita a fazer no centro comercial?

6. Já alguma vez comprou alguma coisa no centro comercial quando não precisava realmente dela?

7. Como reage quando vê algo no centro comercial que realmente gostaria, mas que é demasiado caro?

8. Alguma vez viu algo no centro comercial e perguntou-se quem o iria comprar?

9. Qual é a sua opinião sobre as pessoas que estão ocupadas com os seus telemóveis no centro comercial em vez de olharem para as lojas?

Begrip vragen

1. Waar sla je het liefst op?

2. Wat is je favoriete winkel in het winkelcentrum?

3. Hoe lang blijft u meestal in het winkelcentrum?

4. Wat vind je van mensen die veel tijd in het winkelcentrum doorbrengen?

5. Wat is uw favoriete bezigheid in het winkelcentrum?

6. Heb je ooit iets gekocht in het winkelcentrum terwijl je het niet echt nodig had?

7. Hoe reageert u als u in het winkelcentrum iets ziet dat u heel graag zou willen hebben, maar dat te duur is?

8. Heb je ooit iets in het winkelcentrum gezien en je afgevraagd wie het zou kopen?

9. Wat vindt u van mensen die in het winkelcentrum met hun mobieltje bezig zijn in plaats van naar de winkels te kijken?

No Mercado

Acordo cedo no sábado de manhã, ansioso por chegar ao **mercado** antes que este fique demasiado lotado. Atiro algumas roupas e saio pela porta, agarrando os meus sacos reutilizáveis no caminho. À medida que caminho, começo a planear o que quero fazer para a semana que se avizinha. Sei que quero **assar** vegetais pelo menos uma vez, por isso terei de comprar alguns vegetais de boa qualidade. Também quero fazer uma sopa ou um guisado, por isso também vou precisar de comprar alguma carne. Terei de ver o que parece bom quando lá chegar. O mercado está apenas a alguns quarteirões de distância, e já posso ver as bancas montadas e as **pessoas** a moer por aí.

Chego ao mercado e dirijo-me directamente para a banca de vegetais. A selecção é linda, e encho os meus sacos com uma variedade de produtos **frescos.** Converso um pouco com o agricultor, e ele recomenda-me algumas receitas. Estou entusiasmado por experimentá-las. Converso com os **agricultores** enquanto faço compras, conhecendo-os e aos seus produtos. Depois de ter todos os legumes que preciso, passo à secção de carne. Estou um pouco mais hesitante aqui, pois não tenho a certeza do que quero obter. Acabo por decidir sobre o frango porque é

Op de markt

Ik sta op zaterdagochtend vroeg op, popelend om naar de **markt te gaan** voordat het te druk wordt. Ik trek wat kleren aan en ga de deur uit, terwijl ik onderweg mijn herbruikbare tassen pak. Terwijl ik loop, begin ik te plannen wat ik de komende week wil maken. Ik weet dat ik minstens één keer groenten wil **roosteren**, dus ik moet wat groenten van goede kwaliteit kopen. Ik wil ook een soep of stoofpot maken, dus ik moet ook wat vlees kopen. Ik zal moeten kijken wat er goed uitziet als ik daar ben. De markt is maar een paar straten verderop, en ik zie de kraampjes al staan en de **mensen al rondlopen**.

Ik kom aan op de markt en ga meteen naar de groentekraam. Het aanbod is prachtig en ik vul mijn tassen met een verscheidenheid aan **verse** producten. Ik maak een praatje met de boer en hij raadt me een paar recepten aan. Ik ben enthousiast om ze uit te proberen. Ik maak een praatje met de **boeren** terwijl ik aan het winkelen ben en leer hen en hun producten kennen. Als ik alle groenten heb die ik nodig heb, ga ik naar de vleesafdeling. Ik aarzel een beetje, omdat ik niet zeker weet wat ik wil hebben. Uiteindelijk kies ik voor kip, omdat dat veelzijdig is en in allerlei gerechten kan worden gebruikt. Ik koop

versátil e pode ser utilizado numa variedade de pratos.
Também compro alguns cortes diferentes de carne,
certificando-me de obter carne de vaca alimentada com
erva e **frango** ao ar livre. O carniceiro era um homem
amigável, sempre alegre apesar das longas horas de
trabalho. Ele embrulhou os meus peitos de frango e
bife antes de me falar dos seus planos para o fim-de-
semana. Despedi-me dele e continuei o meu caminho.
Também peguei em alguns ovos e queijo da secção de
lacticínios.

O mercado estava agitado com pessoas, todas elas
ansiosas por deitar **as mãos** aos produtos frescos e à
carne que estavam à venda. O ar era espesso com o
cheiro de alho e cebola, e o som do riso e da conversa
enchia o ar. Fiz o meu caminho através da multidão,
escolhendo os outros artigos de que precisava para
a minha loja semanal. Enchi o meu **cesto** com fruta
e legumes, massa e pão, antes de me dirigir para a
caixa. A fila era longa, mas moveu-se rapidamente.
Finalmente, foram compradas as últimas **mercearias**,
e estava na hora de ir para casa. O carro foi carregado,
e a viagem para casa foi longa e aborrecida. O trânsito
estava pesado e o calor era opressivo. Finalmente, o
carro foi puxado para a entrada e o relevo era palpável.
A casa estava fresca e tranquila, e era um refúgio
depois da **azáfama** do mercado. Tudo foi arrumado, e a
casa logo voltou à sua paz e sossego habituais.

ook een paar verschillende stukken vlees, en zorg ervoor dat ik grasgevoerd rundvlees en **scharrelkip koop**. De slager was een vriendelijke man, altijd vrolijk ondanks de lange uren die hij werkte. Hij pakte mijn kippenborst en biefstuk in voordat hij met me praatte over zijn weekendplannen. Ik nam afscheid van hem en vervolgde mijn weg. Ik heb ook nog wat eieren en kaas meegenomen uit de zuivelafdeling.

Het krioelde van de mensen op de markt, die allemaal stonden te popelen om de verse producten en het vlees dat werd aangeboden in **handen te** krijgen. De lucht hing vol met de geur van knoflook en uien, en het geluid van gelach en gesprekken vulde de lucht. Ik baande me een weg door de menigte en zocht de andere dingen uit die ik nodig had voor mijn wekelijkse boodschappen. Ik vulde mijn **mandje** met fruit en groenten, pasta en brood, voordat ik naar de kassa ging. De rij was lang, maar het ging snel. Eindelijk waren de laatste **boodschappen** gedaan, en was het tijd om naar huis te gaan. De auto werd volgeladen, en de rit naar huis was lang en moeizaam. Het verkeer was druk en de hitte was drukkend. Eindelijk reed de auto de oprit op en de opluchting was voelbaar. Het huis was koel en stil, en het was een oase na de drukte van de markt. Alles werd opgeborgen, en het huis was al snel weer in zijn gebruikelijke rust en stilte.

Questões de compreensão

1. Para onde vai a pessoa?

2. O que é que a pessoa quer comprar?

3. Quantos sacos é que a pessoa tem?

4. A que distância está o mercado?

5. O que é que a pessoa está a fazer neste momento?

6. O que está tudo no mercado?

7. Quantas pessoas se encontram no mercado?

8. Quanto tempo demorou a pessoa a comprar tudo?

9. Como é que a pessoa regressou a casa?

10. O que é que a pessoa fez quando chegou a casa?

Begrip vragen

1. Waar gaat de persoon heen?

2. Wat wil de persoon kopen?

3. Hoeveel tassen heeft de persoon?

4. Hoe ver weg is de markt?

5. Wat doet de persoon op dit moment?

6. Wat is alles op de markt?

7. Hoeveel mensen zijn er op de markt?

8. Hoe lang heeft de persoon erover gedaan om alles te kopen?

9. Hoe is de persoon naar huis gegaan?

10. Wat deed de persoon toen hij of zij thuiskwam?

Num Café

Era uma manhã fria de **Outono**, e eu tinha combinado encontrar-me com a minha amiga Lily no nosso café preferido para um café. Embrulhei-me quente no meu casaco e lenço e parti. As folhas estavam a cair das árvores e o ar tinha um beliscão, mas o sol brilhava e prometia ser um belo dia. Enquanto caminhava, **pensei** em como era bom ter uma amiga como a Lily. Tínhamos sido amigos durante anos, desde que nos conhecemos na **universidade**. Tivemos laços por causa do nosso amor pelo café e por passar tempo a conversar em cafés. Apesar de vivermos agora em diferentes partes da cidade, ainda assim conseguimos encontrar-nos para tomar café uma vez por semana. Cheguei ao café, e Lily já estava lá, à minha espera. Abraçámo-nos e depois encomendámos os nossos cafés. Encontrámos uma mesa junto à janela e instalámo-nos para conversar. O **café** estava delicioso, como sempre, e foi tão bom apanhar a Lily. Falámos da nossa semana, dos nossos empregos, e dos nossos planos para o futuro. Foi sempre tão fácil falar com a Lily, e senti que podia dizer-lhe túdo. Passado algum tempo, começámos a ter fome e **decidimos** encomendar alguma comida.

Encomendámos a nossa comida e encontrámos um

In een café

Het was een kille **herfstochtend** en ik had met mijn
vriendin Lily afgesproken in ons favoriete café voor een
kopje koffie. Ik wikkelde me warm in mijn jas en sjaal en
ging op weg. De bladeren vielen van de bomen en de
lucht was een beetje fris, maar de zon scheen en het
beloofde een mooie dag te worden. Terwijl ik liep, **dacht**
ik aan hoe goed het was om een vriendin als Lily te
hebben. We waren al jaren vriendinnen, sinds we elkaar
op de **universiteit** ontmoetten. We kregen een band
door onze voorliefde voor koffie en het kletsen in cafés.
Ook al woonden we nu in verschillende delen van de
stad, we kwamen nog steeds één keer per week samen
om koffie te drinken. Ik kwam aan bij het café, en Lily
zat daar al op me te wachten. We omhelsden elkaar en
bestelden onze koffie. We vonden een tafeltje bij het
raam en gingen zitten kletsen. De **koffie** was heerlijk,
zoals altijd, en het was zo leuk om bij te praten met
Lily. We spraken over onze week, onze banen, en onze
plannen voor de toekomst. Het was altijd zo makkelijk
om met Lily te praten, en ik had het gevoel dat ik haar
alles kon vertellen. Na een tijdje begonnen we honger
te krijgen en **besloten we** wat eten te bestellen.

We **bestelden** ons eten en zochten een plaatsje bij
het raam. De zon scheen door het raam naar binnen,

lugar junto à janela. O sol brilhava através da janela, fazendo tudo sentir-se quente e feliz. Conversamos enquanto comíamos a nossa comida, desfrutando do simples prazer de estarmos na **companhia** um do outro. O café estava ocupado, mas não se sentia apinhado. Havia uma sensação de paz e contentamento no ar. Ao terminarmos a nossa comida, sentámo-nos durante mais algum tempo, apenas desfrutando da **atmosfera** pacífica. Falámos durante algum tempo sobre coisas diferentes que tinham acontecido nas nossas vidas. Foi tão bom apanhar o meu amigo e simplesmente **relaxar**. O sol brilhava pela janela, e parecia que **nada** podia arruinar o nosso dia perfeito.

De repente, ouvi um estrondo alto. Virei-me para ver que um homem tinha caído pelo tecto e estava deitado no chão à nossa frente. Estava **coberto** de poeira e detritos e parecia estar inconsciente. O meu amigo e eu estávamos ambos em choque quando olhámos fixamente para o homem deitado no chão. Não sabíamos o que fazer ou a quem pedir ajuda. Ficámos ali sentados a olhar para ele, sem saber o que fazer. Passados alguns minutos, saí de lá e liguei para o 112. O operador disse-me que alguém iria estar lá em breve. Desliguei o telefone e disse ao meu amigo o que a **telefonista** tinha dito. Ficámos ambos ali sentados à espera de ajuda para chegar.

waardoor alles warm en gelukkig aanvoelde. We babbelden terwijl we ons eten aten, en genoten van het simpele plezier om in elkaars **gezelschap** te zijn. Het was druk in het café, maar het voelde niet druk aan. Er hing een gevoel van vrede en tevredenheid in de lucht. Toen we ons eten op hadden, bleven we nog een tijdje zitten, genietend van de vredige **sfeer**. We praatten een tijdje over verschillende dingen die in ons leven waren gebeurd. Het was zo fijn om bij te praten met mijn vriend en gewoon **te ontspannen**. De zon scheen door het raam, en het voelde alsof **niets** onze perfecte dag kon verpesten.

Plotseling hoorde ik een harde klap. Ik draaide me om en zag dat een man door het plafond was gevallen en voor ons op de grond lag. Hij was **bedekt** met stof en puin en leek bewusteloos te zijn. Mijn vriend en ik waren allebei in shock toen we naar de man staarden die op de grond lag. We wisten niet wat we moesten doen of wie we moesten bellen voor hulp. We zaten daar gewoon naar hem te staren, niet wetend wat te doen. Na een paar minuten kwam ik bij en belde 911. De telefoniste zei me dat er zo iemand zou komen. Ik hing de telefoon op en vertelde mijn vriend wat de **telefoniste** had gezegd. We zaten daar allebei te wachten tot er hulp kwam.

Questões de compreensão

1. De onde vem o homem que cai pelo telhado?

2. Porque está a mulher com o seu amigo no café?

3. Qual é o café favorito dos dois amigos?

4. Há quanto tempo é que os dois amigos se conhecem?

5. Qual é a bebida preferida dos dois amigos?

6. Em que cidade vivem os dois amigos?

7. Com que frequência é que os dois amigos se encontram?

8. De que falam os dois amigos quando se encontram pela primeira vez no seu café favorito?

9. Qual é a comida preferida dos dois amigos?

10. Porque é tão fácil falar com a Lily?

Begrip vragen

1. Waar komt de man vandaan die door het dak valt?

2. Waarom is de vrouw met haar vriendin in het café?

3. Wat is het favoriete café van de twee vrienden?

4. Hoe lang kennen de twee vrienden elkaar al?

5. Wat is het favoriete drankje van de twee vrienden?

6. In welke stad wonen de twee vrienden?

7. Hoe vaak ontmoeten de twee vrienden elkaar?

8. Waar hebben de twee vrienden het over als ze elkaar voor het eerst ontmoeten in hun favoriete café?

9. Wat is het lievelingseten van de twee vrienden?

10. Waarom is het zo makkelijk om met Lily te praten?

Ir a Nadar

A piscina foi sempre um lugar **refrescante**, e hoje não era diferente. O sol brilhava e a água parecia convidativa. Respirei fundo e mergulhei, sentindo o abraço fresco da água. Nadei durante algum tempo, apreciando o exercício e a oportunidade de limpar a minha cabeça. Passado algum tempo, saí e sequei, depois sentei-me numa toalha para relaxar ao sol. Fechei os olhos e deixei que o **calor** se lavasse sobre mim, sentindo que os meus músculos começavam a relaxar. De repente, ouvi um salpico e abri os olhos para ver a minha irmãzinha **a remar na** ponta rasa. Sorri e observei-a durante algum tempo, depois levantei-me e caminhei até ela. Conversamos um pouco e remámos juntos, desfrutando da companhia um do outro. Em breve, os nossos pais juntaram-se a nós, e passámos o resto da tarde a nadar e a jogar jogos juntos. Foi sempre tão agradável passar tempo com a família na piscina. Há **algo** sobre estar na água que apenas parece aproximar as pessoas. Talvez seja porque somos todos iguais quando estamos na água - não podemos esconder as nossas falhas ou fingir que somos algo que não somos. Ou talvez seja apenas porque é divertido! **Seja qual for** a razão, fiquei contente por nos podermos juntar todos e desfrutar da companhia uns dos outros num lugar tão especial.

Gaan zwemmen

Het zwembad was altijd een **verfrissende** plek om te zijn, en vandaag was dat niet anders. De zon scheen en het water zag er uitnodigend uit. Ik haalde diep adem en dook erin, de koele omhelzing van het water voelend. Ik zwom een tijdje baantjes, genoot van de beweging en de kans om mijn hoofd leeg te maken. Na een tijdje kwam ik eruit en droogde me af, waarna ik op een handdoek ging zitten om te relaxen in de zon. Ik sloot mijn ogen en liet de **warmte** over me heen spoelen, ik voelde mijn spieren ontspannen. Plotseling hoorde ik een plons en ik opende mijn ogen om mijn kleine zusje te zien **poedelen** in het ondiepe gedeelte. Ik glimlachte en keek een tijdje naar haar, stond toen op en liep naar haar toe. We kletsten wat en peddelden samen wat rond, genietend van elkaars gezelschap. Al snel kwamen onze ouders erbij, en we brachten de rest van de middag zwemmend en spelend door. Het was altijd zo leuk om tijd met de familie in het zwembad door te brengen. Er is **iets** met in het water zijn dat mensen samenbrengt. Misschien is het omdat we allemaal gelijk zijn als we in het water zijn - we kunnen onze gebreken niet verbergen of doen alsof we iets zijn wat we niet zijn. Of misschien is het gewoon omdat het leuk is! **Wat** de reden ook is, ik was gewoon blij dat we allemaal bij elkaar konden komen en van elkaars gezelschap

O sol estava a bater na minha pele e o cheiro a cloro estava no ar. Conseguia ouvir os sons das crianças a rir e a salpicar na piscina. Estava deitado numa cadeira de **descanso** ao lado da piscina, deitando-me ao sol e **aproveitando** o dia. Tinha os olhos fechados e estava prestes a adormecer quando ouvi alguém a caminhar até mim. Abri os olhos e vi uma mulher de pé ao meu lado. Ela estava a usar um biquíni e tinha uma toalha enrolada à volta da cintura. Ela tinha cabelo loiro comprido e olhos azuis. Ela segurava uma garrafa de **protector solar** na mão. "Importa-se que lhe ponha protector solar nas costas?", perguntou ela. "Não, está bem", disse eu, sentada para que ela pudesse alcançar as minhas costas. Senti as mãos dela na minha pele enquanto ela aplicava o protector solar.

O seu toque era suave e o aroma do protector solar era suavizante. Voltei a fechar os olhos e deixei-me relaxar. Conseguia ouvir o **som** dela a mexer-se, mas não abri os olhos. Fiquei contente apenas deitado ao sol, a ouvir o som das ondas **a baterem** contra a costa. Passados alguns minutos, ela afastou-se, e eu abri os olhos. Observei-a enquanto voltava para a sua cadeira de descanso e pegava no seu livro. Ela instalou-se na sua cadeira e começou a ler. Voltei a fechar os olhos e deixei-me adormecer à deriva.

konden genieten op zo'n speciale plek.

De zon scheen op mijn huid en de geur van chloor hing in de lucht. Ik kon de geluiden horen van lachende kinderen die in het zwembad spetterden. Ik lag op een ligstoel naast het zwembad, te genieten van de zon en **de** dag. Ik had mijn ogen gesloten en wilde net in slaap vallen toen ik iemand naar me toe hoorde lopen. Ik opende mijn ogen en zag een vrouw naast me staan. Ze droeg een bikini en had een handdoek om haar middel gewikkeld. Ze had lang blond haar en blauwe ogen. Ze hield een fles **zonnebrandcrème** in haar hand. "Vind je het erg als ik wat zonnebrandcrème op je rug smeer?" vroeg ze. "Nee, dat hoeft niet," zei ik, terwijl ik rechtop ging zitten zodat ze bij mijn rug kon. Ik voelde haar handen op mijn huid terwijl ze de zonnebrandcrème aanbracht.

Haar aanraking was zacht en de geur van de zonnebrandcrème was kalmerend. Ik sloot mijn ogen weer en liet me ontspannen. Ik kon het **geluid** van haar bewegingen horen, maar ik opende mijn ogen niet. Ik was tevreden met het feit dat ik daar in de zon lag, luisterend naar het geluid van de golven **die** tegen de kust sloegen. Na een paar minuten liep ze weg, en ik opende mijn ogen. Ik keek naar haar terwijl ze terugliep naar haar ligstoel en haar boek oppakte. Ze nestelde zich in haar stoel en begon te lezen. Ik sloot mijn ogen weer en liet me wegdrijven in slaap.

Questões de compreensão

1. Onde estava o narrador quando começou a história?

2. O que cheira o narrador quando abre os olhos?

3. O que é que o narrador ouve quando abre os olhos?

4. De quem é o protector solar que a mulher dá ao narrador?

5. Com o que é que o narrador está a sonhar?

6. Porque é que nadar no mar é tão especial para o narrador?

7. Como se sente a água em que o narrador nada?

8. O que é que o narrador vê quando sai da água?

9. O que é que a mulher faz depois de colocar o protector solar no narrador?

10. De que falam o narrador e a mulher no final da história?

Begrip vragen

1. Waar was de verteller toen hij het verhaal begon?

2. Wat ruikt de verteller als hij zijn ogen opent?

3. Wat hoort de verteller als hij zijn ogen opent?

4. Van wie is de zonnebrandcrème die de vrouw aan de verteller geeft?

5. Waar droomt de verteller over?

6. Waarom is zwemmen in de zee zo speciaal voor de verteller?

7. Hoe voelt het water aan waarin de verteller zwemt?

8. Wat ziet de verteller als hij uit het water komt?

9. Wat doet de vrouw nadat ze de verteller heeft ingesmeerd met zonnebrandcrème?

10. Waarover praten de verteller en de vrouw aan het eind van het verhaal?

Corte da relva

São 10 da manhã de um **sábado de** Verão, e o sol já está a bater impiedosamente. Atira-se à garagem para ir buscar o cortador de relva, sentindo-se como se estivesse a ser **condenado** a trabalhos forçados. Começa-se a cortar a relva, certificando-se de ir devagar e com cuidado para não faltar nenhum ponto. Ao cortar a relva, pensa-se em como é bom estar lá fora no ar fresco. Quando se começa a empurrar o cortador de relva para trás e para a frente através do relvado, vê-se o seu vizinho pelo canto do **olho**. Acena-se e diz-se olá, e ele acena para trás.

Passados alguns minutos, está acabado, e dirige-se à casa do seu vizinho para tomar uma cerveja com ele no jardim da frente. É um dia **perfeito** - não demasiado quente, com uma brisa suave a soprar. Senta-se à sombra da árvore, bebe a sua cerveja e conversa com o seu vizinho. São dias como este que o fazem apreciar o Verão. Depois **vai para** dentro para uma cerveja bem merecida. Atira-se para uma cadeira na varanda da frente e abre-se a lata, deixando sair um suspiro de contentamento. O som do cortador de relva desvanece-se para o fundo enquanto se relaxa à sombra, desfrutando da **tranquilidade** do momento. A

Het maaien van het gazon

Het is 10 uur 's ochtends op een zomerse **zaterdag**, en de zon schijnt al ongenadig. Je sjokt naar de garage om de grasmaaier te halen, met het gevoel dat je **veroordeeld bent** tot dwangarbeid. Je begint het gazon te maaien, en zorgt ervoor dat je het rustig aan doet, zodat je niets over het hoofd ziet. Terwijl je aan het maaien bent, denk je aan hoe goed het voelt om buiten in de frisse lucht te zijn. Terwijl u de maaier heen en weer over het gazon duwt, ziet u uw buurman vanuit uw **ooghoek**. Je zwaait en zegt hallo, en hij zwaait terug.

Na een paar minuten ben je klaar, en je gaat naar het huis van je buurman om met hem een biertje te drinken in de voortuin. Het is een **perfecte** dag - niet te warm, met een zacht briesje. Je zit daar in de schaduw van de boom, nipt van je biertje en kletst wat met je buurman. Het zijn dagen als deze die je de zomer doen waarderen. Dan **ga** je naar binnen voor een welverdiend biertje. Je ploft neer in een stoel op de veranda, trekt het blikje open en slaakt een tevreden zucht. Het geluid van de maaier verdwijnt naar de achtergrond terwijl je in de schaduw ontspant en geniet van de **rust** van het moment. Het bier smaakt extra goed na al dat harde werk in de hitte. Ik stond op het

cerveja tem um sabor extra bom depois de todo aquele trabalho árduo no calor. Estava prestes a ir para dentro quando ouvi um barulho ao lado.

Parecia que alguém estava a chorar. Parei de cortar relva e caminhei até à vedação que separava os nossos pátios. Olhei para cima e vi a minha vizinha, a Sra. Johnson, a chorar no seu baloiço de alpendre. Chamei-a, mas ela não me ouviu. Subi a cerca e caminhei até ela. "Sra. Johnson, a senhora está bem?" perguntei-lhe eu. Ela olhou para mim com lágrimas nos olhos e abanou a cabeça. "Não, eu não estou bem", disse ela. "O meu gato morreu ontem". Eu fiquei chocada. Eu não sabia o que dizer. Fiquei ali de pé de forma estranha, sem saber o que fazer. Finalmente, pus a minha mão no seu **ombro** e disse: "Lamento imenso, Sra. Johnson. Se houver alguma coisa que eu possa fazer para ajudar, por favor digam-me. "Ela abanou a cabeça e disse: "Não, não há **nada** que alguém possa fazer". Depois levantou-se e foi para dentro da sua casa. Eu fiquei ali parada por um momento, sem saber o que fazer. Depois voltei a cortar a minha relva. Quando terminei, não pude deixar de pensar na Sra. Johnson e no seu gato.

punt om naar binnen te gaan toen ik een geluid hoorde bij de buren.

Het **klonk** alsof iemand huilde. Ik stopte met maaien en liep naar het hek dat onze tuinen scheidde. Ik keek om en zag mijn buurvrouw, mevrouw Johnson, huilen op haar schommelbank. Ik riep naar haar, maar ze hoorde me niet. Ik klom over het hek en liep naar haar toe. "Mevrouw Johnson, is alles goed met u?" vroeg ik. Ze keek met tranen in haar ogen naar me op en schudde haar hoofd. "Nee, het gaat niet goed met me," zei ze. "Mijn kat is gisteren gestorven." Ik was geschokt. Ik wist niet wat ik moest zeggen. Ik stond daar maar wat ongemakkelijk, niet wetend wat ik moest doen. Uiteindelijk legde ik mijn hand op haar **schouder** en zei: "Het spijt me zo, mevrouw Johnson. Als er iets is wat ik kan doen om te helpen, laat het me alsjeblieft weten. "Ze schudde haar hoofd en zei: Nee, er is **niets** dat iemand kan doen. Toen stond ze op en ging haar huis binnen. Ik stond daar een ogenblik, niet wetend wat te doen. Toen ging ik verder met het maaien van mijn gazon. Toen ik klaar was, moest ik denken aan mevrouw Johnson en haar kat.

Questões de compreensão

1. Que horas são?

2. Onde está a pessoa a cortar relva?

3. Como é que a pessoa se sente?

4. Porque é que a pessoa tem de cortar lentamente?

5. Que tipo de tempo é este?

6. O que é que a pessoa está a fazer após o corte?

7. O que é que a pessoa ouve antes de ir para casa?

8. Whois com a Sra. Johnson?

9. Porque é que a Sra. Johnson está a chorar?

10. O que é que a pessoa diz à Sra. Johnson?

Begrip vragen

1. Hoe laat is het?

2. Waar is de persoon aan het maaien?

3. Hoe voelt de persoon zich?

4. Waarom moet de persoon langzaam maaien?

5. Wat voor weer is het?

6. Wat doet de persoon na het maaien?

7. Wat hoort de persoon voordat hij naar huis gaat?

8. Wie is er bij Mrs Johnson?

9. Waarom huilt Mrs Johnson?

10. Wat zegt de persoon tegen Mrs. Johnson?

Como cortar o cabelo

Há semanas que eu tinha intenção de cortar o cabelo, mas de alguma forma sempre consegui adiá-lo. Mas com o **Natal** ao virar da esquina, sabia que não podia adiá-lo por mais tempo. Não queria aparecer no jantar de Natal da minha família com ar de confusão. Por isso, no início da manhã de Natal, fui para o salão. Apesar de ser cedo, o salão já estava ocupado com outras pessoas **a** arranjar o cabelo para o feriado. Tomei o meu lugar na fila e esperei pela minha vez. Finalmente, era a minha vez de estar na cadeira. A estilista, uma mulher amigável chamada Jill, perguntou-me o que eu queria. "Apenas um corte, nada demasiado drástico", respondi eu. Jill começou a trabalhar, arrancando-me o cabelo. Enquanto ela trabalhava, eu comecei a relaxar. Senti-me bem por finalmente estar a cuidar de mim. Tinha andado tão ocupada ultimamente, correndo por aí a cuidar de todos os outros, que deixei as minhas próprias necessidades cair no esquecimento. Mas **agora já** não. A partir de agora, eu ia arranjar tempo para mim.

Quando a Jill terminou, olhei para o espelho e fiquei satisfeito com o que vi. O meu cabelo parecia arrumado e polido - perfeito para reuniões de férias. **Agradeci**

Naar de kapper

Ik wilde al weken naar de kapper, maar op de een of andere manier kon ik het steeds uitstellen. Maar met **Kerstmis voor de deur**, wist ik dat ik het niet langer kon uitstellen. Ik wilde niet op het kerstdiner van mijn familie verschijnen als een smerige puinhoop. Dus, vroeg op kerstochtend, ging ik naar de salon. Hoewel het nog vroeg was, was de salon al druk bezig met andere mensen **die** hun haar lieten doen voor de feestdagen. Ik nam plaats in de rij en wachtte op mijn beurt. Eindelijk was het mijn beurt in de stoel. De styliste, een vriendelijke vrouw die Jill heette, vroeg me wat ik wilde. "Gewoon een knipbeurt, niets te drastisch," antwoordde ik. Jill ging aan de slag en knipte mijn haar weg. Terwijl ze werkte, begon ik te ontspannen. Het voelde goed om eindelijk voor mezelf te zorgen. Ik had het de laatste tijd zo druk gehad met voor iedereen te zorgen, dat ik mijn eigen behoeften aan de kant had laten liggen. Maar **nu** niet **meer**. Van nu af aan, zou ik tijd voor mezelf maken.

Toen Jill klaar was, keek ik in de spiegel en was blij met wat ik zag. Mijn haar zag er netjes en gepolijst uit-perfect voor vakantie bijeenkomsten. Ik **bedankte** Jill en maakte een notitie om vaker terug te komen.

à Jill e fiz uma nota **mental** para voltar mais vezes. A partir de agora, vou cuidar de mim primeiro e acima de tudo. Ela começou a trabalhar a arrancar-me o cabelo. Pensei em como estava grato por ter finalmente conseguido cortar o meu cabelo. Foi bom saber que eu ficaria apresentável para o **jantar de** Natal. Já não teria de me preocupar mais com a minha família a provocar-me com a minha aparência "desalinhada". Passados alguns minutos, o estilista terminou de me cortar o cabelo e deu-me um rápido secador de cabelo. Olhei-me ao espelho e fiquei contente com o que vi - um aspecto limpo que seria perfeito para a ceia de Natal. Agora que o meu corte de cabelo estava fora do caminho, pude concentrar-me em gozar as férias com a minha família. E fiquei ainda mais grato por isso.

Foi tão **libertador**, e adorei a forma como o meu novo corte de cabelo ficou. Depois de pagar pelo meu corte de cabelo, fui para casa e comecei a fazer as malas para a minha viagem. **Mal podia** esperar para mostrar o meu novo visual à minha família e amigos. Eu sabia que eles ficariam surpreendidos quando me vissem. No dia do meu voo, cheguei ao aeroporto com muito tempo de sobra. Passei pela segurança sem quaisquer problemas, e em breve estava a caminho. Assim que cheguei ao meu destino, pude sentir a excitação no ar. O Natal estava definitivamente no ar!

Van nu af aan zal ik in de eerste plaats voor mezelf zorgen. Ze begon aan mijn haar te knippen. Ik dacht eraan hoe dankbaar ik was dat ik er eindelijk aan toe was gekomen om mijn haar te laten knippen. Het voelde goed om te weten dat ik er toonbaar uit zou zien voor **het kerstdiner**. Ik hoefde me geen zorgen meer te maken dat mijn familie me zou plagen over mijn "smerige" uiterlijk. Na een paar minuten was de styliste klaar met het knippen van mijn haar en föhnde ze me snel. Ik keek in de spiegel en was blij met wat ik zag: een strak geknipt kapsel dat perfect zou zijn voor het kerstdiner. Nu mijn kapsel achter de rug was, kon ik me concentreren op de feestdagen met mijn gezin. En daar was ik nog dankbaarder voor.

Het voelde zo **bevrijdend**, en ik hield van de manier waarop mijn nieuwe kapsel eruit zag. Nadat ik voor mijn kapsel had betaald, ging ik naar huis en begon ik in te pakken voor mijn reis. Ik **kon niet** wachten om mijn nieuwe look aan mijn familie en vrienden te tonen. Ik wist dat ze verrast zouden zijn als ze me zouden zien. Op de dag van mijn vlucht kwam ik ruim op tijd aan op de luchthaven. Ik ging zonder problemen door de beveiliging en al snel was ik op weg. Zodra ik op mijn bestemming aankwam, kon ik de opwinding in de lucht voelen. Kerstmis hing zeker in de lucht!

Questões de compreensão

1. O que é que o protagonista precisava de fazer antes do Natal?

2. Como se sentiu a protagonista em cuidar de si própria?

3. Quem aparou o cabelo do protagonista?

4. Porque é que a família da protagonista a ia provocar?

5. Como se sentiu a protagonista depois de ter cortado o cabelo?

6. O que fez a protagonista depois de ter cortado o cabelo?

7. Qual foi a reacção da família da protagonista ao seu corte de cabelo?

8. O que fez o protagonista na véspera de Natal?

9. O que tornou a experiência do protagonista mais especial?

10. O que aconteceria se o protagonista não cortasse o cabelo?

Begrip vragen

1. Wat moest de hoofdpersoon doen voor Kerstmis?

2. Hoe vond de hoofdpersoon het om voor zichzelf te zorgen?

3. Wie heeft het haar van de hoofdpersoon geknipt?

4. Waarom ging de familie van de hoofdpersoon haar plagen?

5. Hoe voelde de hoofdpersoon zich nadat ze naar de kapper was geweest?

6. Wat heeft de hoofdpersoon gedaan nadat ze naar de kapper is geweest?

7. Wat was de reactie van de familie van de hoofdpersoon op haar kapsel?

8. Wat deed de hoofdpersoon op kerstavond?

9. Wat maakte de ervaring van de hoofdpersoon specialer?

10. Wat zou er gebeuren als de hoofdpersoon niet naar de kapper zou gaan?

O parque

O sol estava a pôr-se, e o parque estava vazio. Sentei-
me no banco, à espera do meu **amigo**. Tínhamos
planeado encontrar-nos aqui há uma hora atrás, mas
ela chegava sempre atrasada. Quando eu estava
prestes a desistir e a ir para casa, vi-a a correr na
minha direcção. "Lamento imenso", ela desabou
quando chegou ao banco. "O meu comboio estava
atrasado". "Está tudo bem", disse eu **perdoadamente**.
"Acabei de chegar aqui pessoalmente". Sentámo-
nos e conversámos durante algum tempo, pondo em
dia a vida um do outro desde a última vez que nos
conhecemos. A conversa fluiu **facilmente**, e parecia
que não tinha passado tempo nenhum desde a última
vez que nos vimos. Quando o sol se pôs, despedimo-
nos e seguimos os nossos caminhos separados. A
próxima vez que nos encontrámos, foi num parque
diferente. Mais uma vez, ela estava atrasada, mas
não me importei. Foi bom ter alguém com quem falar
e que me **compreendesse.** Falámos sobre os nossos
sonhos e **aspirações**, coisas que queríamos fazer
com as nossas vidas. Ela falou-me dos seus planos
para viajar pelo mundo, e eu partilhei o meu sonho
de me tornar escritor. Quando o sol se pôs noutro dia,
despedimo-nos mais uma vez, prometendo manter-nos
em contacto desta vez.

Het park

De zon ging onder, en het park was leeg. Ik zat op het bankje te wachten op mijn **vriendin**. We hadden hier al een uur geleden afgesproken, maar ze was altijd te laat. Net toen ik het wilde opgeven en naar huis wilde gaan, zag ik haar naar me toe rennen. "Het spijt me zo," hijgde ze toen ze de bank bereikte. "Mijn trein **had vertraging**." "Het is goed," zei ik **vergevingsgezind**. "Ik ben hier net zelf." We gingen zitten en praatten een poosje, praatten bij over elkaars leven sinds we elkaar voor het laatst zagen. Het gesprek verliep **vlot**, en het leek alsof er helemaal geen tijd was verstreken sinds we elkaar voor het laatst hadden gezien. Toen de zon onderging, namen we afscheid en gingen onze eigen weg. De volgende keer dat we elkaar zagen, was in een ander park. Weer was ze te laat, maar dat vond ik niet erg. Het was fijn om iemand te hebben om mee te praten die me **begreep**. We spraken over onze dromen en **aspiraties**, dingen die we wilden doen met ons leven. Zij vertelde me over haar plannen om de wereld rond te reizen, en ik deelde mijn droom om schrijfster te worden. Toen de zon weer onderging, namen we afscheid van elkaar en beloofden we elkaar dit keer te blijven zien.

Jaren gingen voorbij, en onze **vriendschap** bleef sterk,

Os anos passaram, e a nossa **amizade** permaneceu
forte, apesar de vivermos agora em diferentes partes
do país. Mantivemo-nos em contacto através de
cartas e telefonemas ocasionais, partilhando notícias
das nossas vidas uns com os outros. Quando ela
anunciou que ia casar, não me **surpreendeu** - ela
tinha sido sempre do tipo **aventureiro.** Mas quando
ela me perguntou se eu seria a sua dama de honra
na cerimónia do seu casamento que se realizava
a meio mundo de onde eu vivia...isso levou algum
convencimento! No final, embora não pudesse deixar
a minha melhor amiga casar sem mim ao seu lado,
apesar dos meus receios (e depois de muito suplicar-
lhe!)**concordei** em alinhar no que acabou por ser a
aventura de uma vida.

O dia do **casamento** chegou finalmente. Eu estava
nervoso, mas entusiasmado por fazer parte de um
momento tão importante na vida do meu amigo. A
cerimónia foi linda, e ela parecia feliz ao dizer os seus
votos. **Depois**, celebrámos com uma grande festa -
parecia que todos os que ela conhecia tinham vindo
para celebrar com ela! Foi um dia **mágico** que nunca
esquecerá, e a nossa amizade só se tornou mais forte
depois dessa aventura. Agora, anos mais tarde, ainda
nos mantemos em contacto. Ambos **mudámos** muito
desde o nosso primeiro encontro, mas a nossa amizade
é tão forte como sempre.

ook al woonden we nu in verschillende delen van het land. We hielden contact door middel van brieven en af en toe telefoontjes, waarbij we nieuws over ons leven met elkaar deelden. Toen ze aankondigde dat ze ging trouwen, was ik niet **verbaasd** - ze was altijd al een **avontuurlijk** type geweest. Maar toen ze me vroeg of ik haar bruidsmeisje wilde zijn op haar huwelijksceremonie, dat halverwege de wereld zou plaatsvinden, van waar ik woonde... daar was wel wat overtuigingskracht voor nodig! Maar uiteindelijk kon ik mijn beste vriendin niet laten trouwen zonder mij aan haar zijde, dus ondanks mijn angsten (en na veel smeken van haar!) **stemde** ik ermee in om mee te gaan op wat het **avontuur** van mijn leven bleek te zijn.

De dag van de **bruiloft was** eindelijk aangebroken. Ik was nerveus, maar opgewonden om deel uit te maken van zo'n belangrijk moment in het leven van mijn vriendin. De ceremonie was prachtig, en ze zag er gelukkig uit toen ze haar geloften aflegde. **Daarna** vierden we het met een groot feest - het leek wel of iedereen die ze kende was gekomen om het met haar te vieren! Het was een **magische** dag die ik nooit zal vergeten, en onze vriendschap is na dat avontuur alleen maar sterker geworden. Nu, jaren later, houden we nog steeds contact. We zijn allebei veel **veranderd** sinds we elkaar voor het eerst ontmoetten, maar onze vriendschap is nog even sterk als altijd.

Questões de compreensão

1. Onde é que a autora e a sua amiga se encontraram pela primeira vez?

2. Porque é que o amigo do autor se atrasou para a sua reunião?

3. De que falaram os amigos quando se voltaram a encontrar anos mais tarde?

4. Como é que a autora se sentiu ao assistir à cerimónia de casamento da sua amiga?

5. Descrever o cenário da cerimónia de casamento.

6. Como é que a amizade entre as duas mulheres mudou com o tempo?

7. Qual é o sonho do autor?

8. Onde planeia o amigo do autor viajar?

9. Porque é que a autora hesitou em assistir à cerimónia de casamento da sua amiga?

Begrip vragen

1. Waar hebben de auteur en haar vriendin elkaar voor het eerst ontmoet?

2. Waarom was de vriend van de auteur te laat op hun afspraak?

3. Waar hadden de vrienden het over toen ze elkaar jaren later weer ontmoetten?

4. Hoe vond de schrijfster het om de huwelijksceremonie van haar vriendin bij te wonen?

5. Beschrijf de omgeving van de huwelijksceremonie.

6. Hoe is de vriendschap tussen de twee vrouwen in de loop der tijd veranderd?

7. Wat is de droom van de auteur?

8. Waar is de vriend van de schrijver van plan heen te reizen?

9. Waarom aarzelde de schrijfster om de huwelijksceremonie van haar vriendin bij te wonen?